ZERICK
RESPONSABILIDADE DE VIVER

Editora Appris Ltda.
1.ª Edição - Copyright© 2020 dos autores
Direitos de Edição Reservados à Editora Appris Ltda.

Nenhuma parte desta obra poderá ser utilizada indevidamente, sem estar de acordo com a Lei nº 9.610/98. Se incorreções forem encontradas, serão de exclusiva responsabilidade de seus organizadores. Foi realizado o Depósito Legal na Fundação Biblioteca Nacional, de acordo com as Leis nos 10.994, de 14/12/2004, e 12.192, de 14/01/2010.

Catalogação na Fonte
Elaborado por: Josefina A. S. Guedes
Bibliotecária CRB 9/870

S413z
2020
	Schweizer, Flávia Moraes
	    Zerick: responsabilidade de viver / Flávia Moraes Schweizer. -
	1. ed. - Curitiba: Appris, 2020.
	    111 p. ; 23 cm – (Artêra)
	
	    Inclui bibliografias
	    ISBN 978-85-473-4427-6
	
	    1. Ficção brasileira. I. Título. II. Série.
	
	                                                                            CDD – 869.3

Editora e Livraria Appris Ltda.
Av. Manoel Ribas, 2265 – Mercês
Curitiba/PR – CEP: 80810-002
Tel. (41) 3156 - 4731
www.editoraappris.com.br

Printed in Brazil
Impresso no Brasil

Flávia Moraes Schweizer

ZERICK
RESPONSABILIDADE DE VIVER

FICHA TÉCNICA

EDITORIAL
Augusto V. de A. Coelho
Marli Caetano
Sara C. de Andrade Coelho

COMITÊ EDITORIAL
Andréa Barbosa Gouveia (UFPR)
Jacques de Lima Ferreira (UP)
Marilda Aparecida Behrens (PUCPR)
Ana El Achkar (UNIVERSO/RJ)
Conrado Moreira Mendes (PUC-MG)
Eliete Correia dos Santos (UEPB)
Fabiano Santos (UERJ/IESP)
Francinete Fernandes de Sousa (UEPB)
Francisco Carlos Duarte (PUCPR)
Francisco de Assis (Fiam-Faam, SP, Brasil)
Juliana Reichert Assunção Tonelli (UEL)
Maria Aparecida Barbosa (USP)
Maria Helena Zamora (PUC-Rio)
Maria Margarida de Andrade (Umack)
Roque Ismael da Costa Güllich (UFFS)
Toni Reis (UFPR)
Valdomiro de Oliveira (UFPR)
Valério Brusamolin (IFPR)

ASSESSORIA EDITORIAL
Renata Cristina Lopes Miccelli

REVISÃO
Andrea Bassoto Gatto

PRODUÇÃO EDITORIAL
Lucas Andrade

DIAGRAMAÇÃO
Jhonny Alves dos Reis

CAPA
Fernando Nishijima

COMUNICAÇÃO
Carlos Eduardo Pereira
Débora Nazário
Karla Pipolo Olegário

LIVRARIAS E EVENTOS
Estevão Misael

GERÊNCIA DE FINANÇAS
Selma Maria Fernandes do Valle

AGRADECIMENTOS

Cada ação motivada por bons sentimentos desencadeia reações positivas que vão além da nossa compreensão e do tempo que podemos acompanhar, mas que muito são apreciadas por tantos.

Cada pensamento positivo gera diversos efeitos maravilhosos, os quais influenciam beneficamente o mundo, mesmo que não percebamos de forma direta ou intensa.

Agradeço a todos que contribuem para um mundo melhor, praticando ações de compreensões, carinho, simpatia, acolhimento e outros tantos gestos que colaboram para fazer o universo um lugar mais agradável de viver.

A todos que fazem ou fizeram parte da minha vida, neste momento ou em outros tempos, direta ou indiretamente, deste mundo ou de outros, inclusive os que não tenho consciência, obrigada por todas as influências e oportunidades que me dão ou me deram, colaborando para o meu crescimento pessoal.

Como todos nós influenciamos o nosso redor, e este influencia outros, somos todos parte de uma grande rede de interações, estimulando e sendo estimulados. Portanto reconheço que TODOS colaboram para o mundo que percebemos hoje, o qual me conduziu a diversas situações, incluindo me incentivar a escrever. Sendo assim, sou grata a cada ser.

Agradeço às inspirações e às boas energias que me chegam, as quais tanto me estimulam a ser uma pessoa melhor e me fornecem boas sensações.

Também sou grata às energias negativas que me rondam, muitas vezes julgadas como situações ruins ou negativas. Elas me são estímulos para aprender, para mudar e me desenvolver. Elas me incentivam a aprender para mudar o que me incomoda, reestruturando-me e refazendo o meu ponto de vista, o qual afeta tudo ao meu redor. Com mais compreensão, mais fácil é de lidar com os desafios e mais prazeroso é viver. Isso me satisfaz e aumenta a minha chance e responsabilidade em participar da mudança no mundo.

A história a seguir foca-se não apenas em acontecimentos, mas também nos sentimentos e crenças que levam as pessoas a agirem de uma determinada forma.

O objetivo deste romance é penetrar na alma do ser humano, mostrando como cada um é único, com suas próprias histórias, expectativas e traumas. Com revelações de sentimentos dos personagens é possível compreendê-los com mais facilidade, o que nos permite desenvolver compaixão por eles.

Esta história também visa a mostrar como cada ação gera consequências para as vidas dos envolvidos por ela, revelando a importância de tomarmos mais consciência de nossos atos e, assim, sermos mais responsáveis por nós mesmos e pelo que influenciamos.

Além disso, é possível fazer o mundo melhor, mesmo que ele não seja ideal. É possível tomarmos decisões boas em meio a circunstâncias que julgamos ruins, e aproveitar a vida, pois fazê-la boa e proveitosa depende mais de nós do que de situações que estão além de nosso controle.

A nossa interpretação dos acontecimentos tem uma importância fundamental para o cultivo de nossas emoções ou sentimentos, as quais geram boas ou más sensações e influenciam diretamente a nossa tomada de decisões na vida.

SUMÁRIO

9 | ROTINA

17 | MUDANÇA NA VIDA

27 | NOVA REALIDADE

32 | ESCRAVIDÃO

36 | ADAPTAÇÃO

45 | IMPONDO AS REGRAS

50 | NOVA ALDEIA

53 | SEXO

58 | PRIMEIRA PERDA

66 | EXPEDIÇÃO

73 | SURPRESA DESAGRADÁVEL

87 | SEGUNDA PERDA

90 | TERCEIRA PERDA

100 | TRAIÇÃO

104 | NOVA FASE

– ROTINA –

Num tempo muito antigo, a espécie humana vivia em aldeias e pequenos aglomerados, sobrevivendo da caça, coleta e pequenas agriculturas locais. Essas comunidades costumavam ser ribeirinhas, já que usavam bastante da pesca, e era onde conseguiam a maior ou toda a fonte de água para suas tarefas. Vasta vegetação as cercava, deixando perceber que aquele grupo se formou na margem e foi adentrando a floresta gradualmente.

Cada comunidade possuía a própria cultura, com seus valores, costumes e comportamento, o que as caracterizava bastante. Algumas eram mais simples, outras, mais complexas. Algumas eram grandes, com várias pessoas e muitas atividades e ordens sociais, outras eram mais simples ou menores e com mais igualdade entre os habitantes.

Havia um povoado que era bem grande e desenvolvido, comparado à maioria das comunidades naquele continente. Esse povoado possuía vários indivíduos, estratificações sociais, regras e divisão da própria população entre campo e cidade. Situava-se em uma região fria do planeta e tinha uma posição estratégica para navegação, pois tinha rápido acesso a mar e rios.

Muitas pessoas viviam nos campos, que eram regiões distantes da orla, como o pé de montanhas. Eram dias de viagem até a água do mar ou do rio. Essas pessoas viviam com as águas de nascentes e riachos e de plantações, além de caça feita nas florestas que as cercavam e de pequenas criações de animais de pequeno porte. Quando havia necessidade de outros objetos, podiam adquirir na cidade por meio de trocas ou compras.

A cidade era a região mais próxima ao mar, onde havia o cais. Este era o ponto onde as novidades e heróis chegavam e abasteciam o povoado com objetos, riquezas, histórias e esperança. As pessoas da cidade ficavam tristes e esperançosas com a saída de seus homens para desbravar o mundo e eufóricas com a sua chegada. Sempre havia uma grande multidão para receber aqueles que davam as suas vidas para ir rumo ao desconhecido e trazer necessidades e honra ao povoado.

A cidade era a região em que havia uma grande concentração de muitas coisas, como pessoas, objetos, negócios e oportunidades, assim como é visto até no mundo de hoje.

Por abrigar muitas pessoas em pouco espaço físico, as ruas eram estreitas, como se fossem vielas, as casas eram pequenas, o mercado era apertado, havia muitos ratos, pouca higiene e muitos doentes. Ainda assim, era a atração daquele pequeno povo.

Pelas ruas da cidade andava-se a pé. Quem tinha mais posses tinha carroça, que usava para levar as mercadorias e se locomover a distâncias maiores. Como as ruas eram estreitas, muitas vezes a carroça tinha de ficar na estrada, pois não passava pelas ruas.

As estradas eram trilhas grandes e largas que ligavam a cidade a outras regiões menores, por onde as carroças e cavalos andavam com mais comodidade.

As casas eras feitas de madeira e folhagens, mas com estruturas robustas o suficiente para aguentar temporais com chuvas e ventos fortes, além de isolar o frio. Costumavam possuir um cômodo único, com uma fogueira no centro, que aquecia toda a casa. Quanto mais distante da cidade, mais espaço havia e, portanto, as casas eram maiores. Porém, ficando mais distante da cidade, que era a região onde se conseguia mais mercadorias, havia a necessidade de cultivo próprio para subsistência. Assim, quanto mais longe da cidade, mais espaço físico, plantações e cultivos havia. As casas maiores possuíam fogueiras mais largas, para dar vazão a todo o espaço no interior da moradia.

Usavam-se mantas e peles para separar alguns ambientes, principalmente nas casas em que havia crianças. Era comum separar as crianças num espaço para dormir e os chefes da casa em outro para terem mais liberdade durante o sexo.

O mercado da cidade era uma espécie de feira ao ar livre, com os negociantes exibindo seus produtos nas ruas. Barracas de madeira e seus derivados eram usados para montar a estrutura de suporte, no qual as mercadorias eram expostas. Havia objetos de ferro, de cerâmica, de ouro, de prata, hortaliças, legumes, carnes de ovelha, de pato, de galinha e de mais alguns outros animais, pequenos e grandes serviços, como consertos de roupas ou sapatos e serviços de marcenaria sob encomenda, serviço de alfaiate, venda de ferramentas, cavalos, escravos e matéria-prima, como toras.

Na cidade era possível encontrar tudo o que pudesse existir de alimentos, ferramentas e serviços conhecidos até aquela época. Toda essa oferta das melhores coisas fazia as pessoas procurarem tal lugar, visando a encontrar o que desejavam obter.

A parte higiênica era precária. Com o aglomerado de pessoas, as doenças eram transmitidas mais facilmente. Entretanto o próprio clima frio ajudava a conter as epidemias, visto que tinha um efeito de evitar a produção e disseminação de germes.

Como era muito frio, não era habitual tomar banho ou lavar as mãos e cabelos, hábito que estimula a proliferação de germes.

A água era muito usada para cozinhar alimentos, principalmente sopas, que era o principal prato daquele povo, devido à facilidade. A comida era cozida em panelas que iam ao fogo em fogões a lenha ou simples fogueiras, que eram acesas para o cozimento de alimentos.

O fogão era feito sob encomenda para uma moradia e consistia em um suporte que aguentava a chama e o calor do fogo, como a cerâmica, como se fossem dois braços paralelos, com uns 10 centímetros de altura. No vão entre os suportes era o espaço para a lenha e, apoiadas nos suportes, ficavam as panelas.

Como o valor do fogão variava com o seu tamanho, os mais ricos possuíam fogões maiores. O mais comum era a prevalência de fogões que comportavam duas ou três panelas. Também era necessário o espaço para o fogão, o que influenciava bastante na escolha do tamanho.

O chão da cidade mudava de acordo com a região. No mercado era mais sujo, com lama, fezes de animais, urina e restos de comidas. Quanto mais distante do centro, mais limpo, e claro, tendo o odor menos forte, menos molhado e com mais gramíneas.

Na cidade era comum ser de terra batida, mas nas regiões mais nobres, como em frente às moradias luxuosas, havia algumas lajotas de pedra. Estas eram mais usadas como decoração, existindo de seis a 20 unidades na entrada da casa, pois era muito difícil conseguir pedras adequadas e com tamanhos certos para tal uso, além de ser caro o seu transporte.

Eu morava distante da cidade e tinha uma casa grande. Vivia sozinho, tranquilo e com uma vida pacata. Isto quando não ia às expedições.

As expedições eram quando os guerreiros do povoado se juntavam e desbravavam o mundo, buscando tesouros e novidades. Este grupo se reunia e planejava as viagens, que costumavam demorar algumas semanas, pois o acesso era por meio náutico e a tecnologia da época era bem limitada. Assim, dependiam de ferramentas que ajudassem a mantê-los nas águas, a se guiarem, a se manterem vivos e abrigados, saudáveis e com boa capacidade de raciocínio, para o planejamento e execução deste.

O barco era provido pelo grupo rico e político local, pois era quem tinha como investir em algo tão grande. Era algo caro, que demandava muito tempo e bom recurso financeiro para adquirir as matérias-primas e mão de obra com habilidades específicas, já que tinha de ser bem construído para aguentar o translado, o peso e as correntes nas águas, além de possuir uma região para a fogueira de forma a manter a segurança da tripulação e do próprio barco, com a finalidade de fornecer aquecimento à tripulação e alimentá-la sem perigo de incêndio. Não era fácil achar as madeiras adequadas para os barcos, menos ainda transportá-las até o local de construção. Por tudo isso, construir um barco era algo feito em conjunto. Aqueles que investiam financeiramente nas expedições recebiam parte do lucro, o que os motivava a investir nessas viagens.

Eu me chamava Zerick e tinha uma vida calma e reclusa, de forma geral. Possuía a minha horta, de onde eu tirava boa parte do meu sustento alimentício, e também possuía alguns poucos animais que ficavam soltos ao redor da minha casa. Eles eram ótimas fontes de carne, já que viviam disponíveis para mim e não eram muito grandes, fornecendo-me o necessário. Às vezes, eu caçava na floresta que me rodeava, para comer uma carne diferente, mas não era um hábito, pois requeria muito esforço e, para conseguir uma presa pequena, era desperdício, enquanto que, para pegar uma presa grande, sobrava muita carne. Por isso eu costumava caçar quando planejava receber visitas: fazia um prato mais requintado, com uma caçada grande, e conquistava minhas visitas ao oferecer coisas boas e incomuns, como javalis.

Esta era uma das formas de me manter: fazendo laços sociais. Era como eu mantinha a minha reputação de pessoa cordial, decente e honrada, cumpridora de promessas, características essenciais para conquistar negócios e influência política e social. Apesar de viver afastado da agitação da cidade, era uma pessoa admirada e querida pela população eufórica por novidade. Fisicamente eu vivia distante, mas fazia parte da cidade pelas bocas e elogios daqueles que faziam transações comigo e que lá viviam.

A cidade ficava a algumas horas de distância do meu lar. Para ir à cidade havia um planejamento, pois se gastava praticamente um dia lá. Assim, eu me planejava para ir à cidade uma a duas vezes por semana para adquirir o que precisava.

Eu tinha uma carroça que ajudava bastante, já que eu não ia sentado no lombo do cavalo e ainda trazias as mais recentes aquisições. Eu deixava a carroça no fim da estrada, onde começava a cidade, pois era onde tinha espaço e era menos tumultuado.

Havia guardadores, que eram pessoas que cobravam para assegurar que as carroças ou cavalos ou outros objetos não fossem danificados ou roubados. A maioria deles era de pessoas mais velhas, sem rubor físico, mas com grande conhecimento de socialização, usando de influências sociais para se manterem.

Na cidade eu negociava, comprando e vendendo. Era necessário planejamento e tranquilidade para viver como eu vivia, porque o meu lucro vinhas das expedições, que não aconteciam com uma frequência alta. O comum era ter expedição a cada dois anos, em média. Portanto todo aquele lucro deveria ser administrado para durar até a viagem seguinte. Como o meu lucro costumava ser de objetos não perecíveis, eu os guardava e os vendia gradualmente ao longo do tempo.

Eu também usava de fofocas e boatos para aumentar o valor do que tinha. Grande parte dos guerreiros vivia na cidade e ostentava sua riqueza, sendo cobiçada rapidamente. Como havia muitas ofertas à porta de casa, costumavam vender o que tinham para faturar. Já, eu, guardava meus tesouros conquistados. Assim, as pessoas se esqueciam por um tempo, enquanto ainda tinham como comprar com aqueles que lá viviam. Tempo depois, meus objetos começavam a ser valorizados por falta de mais ofertas. Eu ainda falava bem das minhas posses, mas de forma sutil, sem exibição ou arrogância, e usava o tempo a meu favor para elevar o valor dos meus produtos.

As visitas que eu recebia faziam parte desse esquema, pelo qual eu mostrava a minha casa e o que tinha, contando as histórias por detrás das conquistas, fato importante para valorizar o que tinha e vivia; as visitas voltavam animadas para seus lares e com novos assuntos, que rapidamente se tornavam conhecidos pela parte mais rica da cidade. Em pouco tempo, eu passava a ser a única fonte de certas peças, que passavam a ser mais preciosas e, com isso, símbolo de status social e poder político.

As expedições completavam a minha vida. Eram quando eu desenvolvia fortes vínculos sociais, saía para lugares novos, explorava e lutava. A luta me energizava por dentro, como se eu ficasse acumulando energia por bastante tempo e soltasse-a de mim através da guerra e da brutalidade. A cada soco ou lança encravada em mais um adversário, mais eufórico e vigoroso me sentia, como se, finalmente, estivesse vivo. Era paixão e a minha cabeça só se focava em uma coisa, visando à conquista, com todo o resto deixando de existir. Eu não me importava e nem ligava para amigos, casa, negócios, posses ou quaisquer outras coisas. A única coisa que me importava era vencer, como se não houvesse outra necessidade no mundo. A sensação era fantástica! Eu tinha o poder de fazer o que queria, eu provava o meu valor, soltava minhas revoltas ou ofensas engolidas há tempos em nome da paz ou negócio promissor. Toda a minha energia física era usada ao máximo, assim como toda a minha capacidade física.

No fim, ao conquistar a aldeia-alvo, o cansaço físico tomava conta do meu corpo, mas a mente estava nos céus. Eu sentia que era invencível, que era capaz de ter tudo o que desejasse, que era um bom guerreiro e melhor do que todos aqueles que haviam sido derrotados. Tem sensação melhor do que provar que se é melhor do que alguém? Achava que não. Todas aquelas brigas e lutas me saciavam de forma que ia além da minha capacidade de compreensão. Eu não entendia o motivo de me sentir tão bem e também não buscava entender. Apenas gostava e usufruía.

Havia, também, o fator motivador da crença: éramos os responsáveis por adquirir as necessidades do povo, tornando-nos heróis. Não há como saciar mais o ego do que isso tudo junto. Era perfeito! Então era hora de coletar o que nos pertencia por direito, já que tínhamos ganhado a batalha. Escolher o que quiséssemos e pegar tudo o que desejávamos era a nossa recompensa pela nossa bravura e reconhecimento de nossa superioridade e força. Então era o momento de acomodar os mais novos pertences no barco e voltar para casa.

A divisão da riqueza conquistada era simples: quem pegava era o dono. Quem pegava mais, levava mais. Os mais fortes ganhavam dos mais fracos: era a lei da natureza. Aceitávamos bem essa lei. Ganhávamos de outras comunidades por causa de nossa força. Tinha mais dinheiro quem conseguisse ter mais. Tinha mais poder quem manipulasse mais. A natureza fazia parte de nós e nós a acolhíamos em nosso íntimo. Pelo menos era como eu pensava.

As viagens, tanto de ida como de volta, das batalhas, eram longas. Vários homens num navio, que em termos modernos pode se chamar de barco, rodeando uma fogueira e tentando se manterem vivos. A viagem costumava ser silenciosa na ida, com ansiedade, medo e apreensão, já que não sabíamos de fato aonde iríamos e qual comunidade iríamos conquistar. Sempre existia o assunto e o medo de perder a batalha, mas cada um guardava a sua ansiedade para si. Aquilo que não ajudasse o grupo não tinha permissão para ser revelado, já que podia comprometer o sucesso da façanha.

Após as vitórias os homens ficavam felizes, alegres e expressivos. Então havia a permissão de falar sobre as ansiedades e medos, que já faziam parte do passado. Vinhos e comidas eram servidos o tempo todo e era uma grande festa até chegar ao cais de onde tínhamos partido. Na viagem de ida, parecia que um gelo envolvia nossos corações e que a insegurança rondava a mente. Já na volta, um calor que não era físico, pois o clima era de bastante frio, inundava cada peito que o barco carregava, e a sorte, a esperança, o ego, o orgulho e a saciedade faziam parte das vidas de cada indivíduo ali presente.

A chegada ao cais era uma festa para os moradores locais, já que era o maior evento da cidade. Novidades e heróis chegavam, enquanto saudades enormes começavam a diminuir com a chegada dos que haviam partido. Olhos apaixonados surgiam, esperando ver o amor que havia saído; olhares curiosos fitavam os tesouros tomados; homens ricos se felicitavam ao ver que o investimento havia tido resultados positivos; amantes usavam do alvoroço para transmitir mensagens; crianças contemplavam os heróis da cidade, sonhando ser um deles; mocinhas aproveitavam o momento para apreciar os valentes marujos, buscando por um companheiro... Era uma festa e uma bagunça ao mesmo tempo: tudo do que aquela cidade gostava.

Eu voltava para casa com minhas novas relíquias na carroça. Moças sempre se encantavam por quem possuía bastante coisa, visando a um relacionamento próspero. Este era o motivo de eu sempre ter umas duas ou três moças me acompanhando até a minha carroça.

Usar de flertes e cortejá-las de forma muito sutil e implícita era uma maneira de gerar laços afetuosos que poderiam me render bons negócios e relacionamentos futuros. Mesmo que eu não voltasse para casa com nenhuma, eu deixava no ar a sensação de serem importantes para mim, de serem especiais, o que as fazia se sentirem bem e queridas.

A verdade é que tratar bem alguém sempre traz benefícios, mesmo que indiretos. Apesar de eu não me casar com nenhuma, desenvolvia relacionamentos prazerosos e com respeito, mesmo que durassem um passeio ou uma caminhada, o que me rendia apreço das pessoas e resultava em ser bem tratado e lembrado. Sendo assim, aquelas moças sempre teriam lembranças boas a meu respeito, o que as convenciam de que eu era uma pessoa honrada e merecedora de atenção e admiração. Então, quando eu precisasse ou desejasse algo, aquelas que tinham boas lembranças minhas eram quem me ajudariam a saciar meus desejos.

Saciar carências afetivas, dar atenção ou enaltecer o ego alheio eram as minhas ferramentas para desenvolver bons relacionamentos. Cada pessoa tinha suas particularidades, mas todas deixavam bem à mostra, com palavras, postura, gestos, tons de voz e expressões, o que buscavam e o que desejavam.

Era comum que mocinhas ficassem vidradas com atenção masculina, já que era algo novo e não tinha como saciar-se em casa. As pessoas mais solitárias, pois não viviam conforme seus sonhos idealizados; derretiam-se por atenção e seus olhos brilhavam quando alguém as ouvia. Homens do mercado gostavam de gabarem-se de seus poderes e posses e de se vangloriarem, elevando seus egos. Com estes, os quais são pessoas orgulhosas, concordar com as suas ideias e enaltecer seus egos ao elogiar o que eles exibiam com tanto valor me rendia sua atenção e consideração, características importantes para a manutenção do laço social.

Durante o período entre as navegações, eu mantinha a minha rotina quieta, sem muitas novidades ou muitos afazeres. Cuidar da minha casa, da minha horta e dos meus animais me entretinha o suficiente, fazendo-me desfrutar da vida que sempre quisera. Não almejava mais nada. Se todas as minhas necessidades eram saciadas, para quê buscar mais? Então eu mantinha o mesmo padrão.

– MUDANÇA NA VIDA –

Com 25 anos eu já era um herói do povo. Como me mantinha afastado e não me envolvia com muitas amantes, as pessoas não se intrometiam muito na minha vida. As notícias que se tinham da minha pessoa eram sobre os negócios, minha cordialidade e a honra que eu tinha, refletindo a minha coerência entre palavras e atitudes. Era muito admirado por tais características, mas ninguém estava disposto a se esforçar para me conquistar. Eu deixava claro, embora de forma implícita, que não desejava nenhum acordo de união afetiva, ou seja, casamento. Então era admirado, mas mantido longe, quase como um amor platônico: ideal, mas inalcançável.

Mais uma expedição era planejada e eu estava muito animado, mas com receio. Era comum me sentir assim, mas desta vez tais emoções eram mais intensas. Tudo estava saindo conforme o planejado e o barco zarpou. Foi a primeira vez que comecei a pensar sobre o que fazia e sobre a vida que tinha. Algo em mim estava inquieto, como se o que eu vivesse estivesse sendo insuficiente. Mas como? Sempre me saciou bem, deu-me conforto e paz. O que havia mudado se tudo continuava igual? A resposta só podia ser uma: eu. Eu havia mudado? O que havia mudado? Quando? Por quê? De onde viera essa mudança que eu mesmo ainda não sabia definir o que era? Não sabia de nada disso, mas o desconforto permanecia.

Tentei me focar na viagem, na grande luta que estava para acontecer em alguns dias, concentrar-me na arte da luta e nas minhas armas, mas a minha mente não conseguia permanecer ligada a tais assuntos e voltava para os devaneios derivados do incômodo emocional que viera de lugar algum, aparentemente.

Antes de desembarcar e abordar os adversários, vasculhávamos a área, estudávamos a terra e hábitos dos habitantes, para gerar uma estratégia de abordagem com mais probabilidade de vitória. Dependendo de como os homens estavam, esse processo de análise durava mais ou menos tempo. Quando a ansiedade era muito alta, esse reconhecimento durava pouco, visto que a própria ansiedade aumentava com o tempo e, quanto maior, menos racionais e mais brutais os homens ficavam.

O corpo é usado como ferramenta e precisa da energia emocional, que o impulsiona a agir. Ao mesmo tempo, ignorar o raciocínio e agir somente com o instinto da força é agir com burrice e negligência. O equilíbrio entre razão e emoção é crucial para o sucesso e este equilíbrio é diferente para cada um e em cada momento. Cabe ao capitão identificar o momento mais oportuno onde o equilíbrio do grupo está presente para fazer a emboscada.

O capitão era um homem que conhecia mais esse tipo de vida. Ele tinha a responsabilidade de conhecer seus súditos, fazer ligações emocionais fortes e estáveis, mas sem dependência, para motivar cada um da melhor forma possível, ou seja, cada um tinha algo específico, que funcionava com gatilho próprio, para que agisse da forma adequada para o abate das presas. Por isso o capitão vivia na cidade e vivia em eventos sociais, com visitas ou investigando seus súditos, já que cada informação era preciosa para um evento de tal proporção.

Embora durasse pouco, era intenso e muitas coisas estavam em risco, como a reputação da galera, vitória na luta e até a honra, sonhos e esperanças daqueles que haviam ficado em terra. Contudo, o capitão não tinha responsabilidade sobre os tripulantes. Cada um era responsável por si. Assim, se um homem caísse do navio, o capitão rapidamente julgaria as circunstâncias para dar o veredito de deixá-lo para trás e seguir viagem ou a tropa se juntar para buscar aquele que estava na água. Todos já conheciam esse sistema e por isso ele não gerava mágoa.

Nos confrontos com os adversários prevalecia a mesma regra: o capitão tinha o poder de ordenar ou não a saída do navio para iniciar o ataque, mas não tinha o controle do comportamento de seus guerreiros já no campo de batalha. Daí a importância de conhecer cada um, o que motivava cada um a agir de forma específica, para estimular o comportamento mais provável de gerar vitória no palco de combate.

Após a vitória, acompanhada da rendição dos derrotados, o capitão anunciava o tempo para coleta de recompensas, comemoração etc. Ele era responsável pelo navio e ordem do grupo, mas não da individualidade ou dos acontecimentos fora de sua zona de comando. As regras eram claras: a importância do grupo era maior do que a de um indivíduo. Colocar o grupo em algum tipo de risco para tentar ajudar ou salvar um indivíduo, jamais! Era possível substituir uma pessoa, mas não refazer um grupo inteiro desse porte. Como havia necessidade de grande cumplicidade e conhecimento de todos com todos, formar um grupo desse levava muitos anos. Por isso costumava ter apenas uma embarcação para expedições, visto que era necessário confiança entre todos, até naqueles que haviam ficado em terra, esperando o retorno dos vivos ou de seus investimentos capitais. Essa ligação íntima e forte dos componentes era a responsável por tudo funcionar e pelos triunfos das viagens.

Era um jogo social complexo, sem limites demarcados, que necessitava de muita perspicácia, atenção, compreensão, paciência e observação, além de raciocínio. Saber o que os outros sentiam, o que queriam dizer e o que realmente buscavam era algo que requeria muito estudo minucioso. Falar algo ou não, uma palavra ou um tom de voz podia ter toda a diferença no relacionamento e afetar o restante. Por isso quem dominava a habilidade da empatia e compreensão do comportamento implícito era quem tinha mais poder, embora este fosse mais sutil.

Essa característica não era conquistada rapidamente, como em uma luta que se ganha e se mostra para todos o sucesso com bugigangas bonitas ou caras. Pessoas assim, com essa sagacidade sobre relacionamentos, conquistavam o seu lugar no coração de cada um com quem se tinha contato, plantando um relacionamento benéfico em longo prazo. A soma dos indivíduos tocados por essas pessoas iluminadas de compreensão interpessoal assegurava a vida dela, já que, quando tinha alguma necessidade, aqueles que haviam recebido sua ajuda e carinho se sentiam obrigados a retribuir ou simplesmente tinham vontade de fazê-lo.

Essas pessoas que sabiam lidar com as outras eram pouquíssimas, praticamente uma raridade, mas eram as mais velhas da população, pois não morriam em guerras, duelos, brigas, doenças, frio ou fome. Essas pessoas não passavam por tais situações, haja vista que os que as rodeavam as ajudavam, fazendo-as sobreviver às circunstâncias.

O capitão do navio, apesar de guerras fazerem parte da sua vida, tinha a sabedoria de quando parar, ao notar quando o desempenho do próprio corpo começava a ser insuficiente. Ele se aposentava, deixando as lutas e o navio para trás, e construindo um modo de viver diferente, algo completamente admirado pelos outros, mas temido pela maioria, já que era algo muito difícil de se fazer para quem era muito apegado a crenças, rotinas, prazeres, segurança, previsões etc.

Dessa vez, quando chegamos ao local-alvo, aguardamos e analisamos. A neblina nos ajudava a nos esconder e passar despercebidos, sendo uma aliada fundamental para que nossas averiguações e organização fossem realizadas com calma e sabedoria. Havia algo de diferente naquelas pessoas. O que possuíam eram coisas que faziam nossos olhos brilharem, como ouro e joias, mas o sistema social deles era complexo, com comportamentos preestabelecidos, e havia muita gente naquele aglomerado.

A ansiedade aumentava, embora eu tentasse me focar na estratégia. Fui debater com o capitão, fornecendo as informações que tinha coletado e expondo meus receios, já que seria algo diferente de todas as batalhas enfrentadas até então. Ele estava surpreso e angustiado por conta da situação inusitada, porém calmo. Analisou tudo e foi estudar a situação para que pudéssemos ter êxito. A tripulação se entreolhava, buscando alguma confiança em algum olhar perdido naquele mar de medo que rondava aqueles pequenos guerreiros, que começaram a parecer crianças frente a um alvoroço de bode, sem saber o que fazer.

Aquela situação necessitava mais de estratégia planejada e orquestrada do que força. Se invadíssemos com força total, como era o costume, aquele povoado teria força suficiente para revidar e ganhar.

Tínhamos de começar pelas beiradas, criando pânico aos poucos para que as pessoas ficassem desesperadas e tentassem fugir. Era sempre mais fácil ganhar uma batalha usando o raciocínio, pois os adversários eram manipulados com mais facilidade e isso nos dava previsão de comportamento do alvo, fornecendo-nos grande vantagem por planejar as possíveis fugas e reações.

Esse povoado, nosso alvo da vez, deveria ser cuidadosamente manejado para que não se aglomerassem. A melhor estratégia era ir bem devagar, sumindo com algumas pessoas. Assim, o grupo começaria a notar algo estranho e ruim, aumentando a ansiedade e diminuindo a capacidade de pensar e agir logicamente. Quanto mais alterávamos o ambiente, mais as pessoas ficavam amedrontadas, inseguras e impulsivas, o que nos dava vantagem.

Foram alguns dias com essa tática, e cada vez aumentávamos a quantidade e a intensidade dos estímulos de pânico, até culminar no pânico generalizado. Quando as regras sociais que havíamos estudado já não estavam mais sendo seguidas, entramos com força total.

Usávamos uma roupa específica para tais fins, uma espécie de armadura para nos proteger, e também tínhamos algumas ferramentas, como escudos, espadas, lanças... Nossas vestimentas também tinham o objetivo de nos aquecer, mas não podiam ser muito pesadas ou volumosas para não atrapalhar os movimentos cruciais de luta, corrida e escalada.

Havia, também, pequenas regiões para que guardássemos um pedaço de uma comida típica de guerreiros. Como havia a chance de nos perdemos por um tempo em meio à floresta, poderíamos sentir fome e, se enfraquecêssemos, não voltaríamos. Então essa comida era uma espécie de massa muito calórica e rica em proteína.

Cada pedaço ocupava pouco espaço e nos fornecia suprimento alimentício para um dia inteiro. Cada um levava uns cinco pedaços, pois em época de batalha não se gastava tempo com fogueira e cozimento de alimentos, então dependíamos do nosso estoque pessoal no corpo e de tais massas preparadas.

Além disso, tínhamos cantil com água, para evitar desidratação, pequenas ferramentas e facas, que muitas vezes eram usadas em emboscadas, para evitar escândalos e barulhos, ou seja, conseguir atacar em silêncio e matar sem muito ruído.

As lanças não costumavam ser muito utilizadas, mas para essa investida, fez-se de fundamental sistema. Quando o barco já estava próximo o suficiente para a neblina não mais o encobrir, começamos a invadir o espaço com arremesso de lanças, o que gerou o início do terror.

Uma vez desencadeado o comportamento baseado no terror, todo o seu curso normal aconteceria: parte das pessoas lutaria até a morte, muitas se renderiam, várias outras fugiriam, algumas paralisariam pedindo clemência. Por isso eram tão importantes a organização e os movimentos sincronizados, para garantir que cada etapa do comportamento estimulado pelo horror se concretizasse dentro do nosso tempo de ataque. Assim, sabíamos por onde fugiriam, onde se esconderiam, quais instrumentos e ferramentas usariam para se defender, e isso nos deixava mais relaxados e com um passo à frente ruma à vitória.

Nunca se abandonava o barco totalmente, sempre havia alguém para tomar conta, a fim de não perder o barco para a maré ou para algum espertinho da aldeia. Era a nossa casa flutuante e o que nos permitiria voltar para nossos lares, então, se o perdêssemos, não voltaríamos e o nosso fracasso e do nosso povo seria decretado.

O capitão, por ser uma pessoa muito observadora, costumava cuidar do barco. Ele ficava de olho, avaliando o ataque e, se houvesse algo que não estivéssemos preparados para enfrentar por algum motivo, ele tinha como nos chamar de volta, prezando pelas nossas vidas. Afinal, era possível planejar outro ataque posteriormente. Ele apenas saía quando a situação já tivesse sob controle e ia buscar a sua recompensa, e isso acontecia quando algum homem já tivesse voltado para o barco, ficando em seu lugar, protegendo o barco e observando a situação.

Então, quando o barco atracou, saímos quase todos do barco, com força total, aumentando o terror. Eu não era um dos primeiros a sair, pois sempre gostei de observar e desenvolver uma maneira mais fácil e mais produtiva de alcançar meu objetivo. Por isso eu deixava os mais eufóricos saírem, espalharem o medo, enquanto eu observava o comportamento das pessoas sob ataque.

Assim, eu saberia onde seria mais fácil de ir, onde a luta estava me esperando, com quantas pessoas, qual a melhor técnica para imobilizar meus oponentes. E nesse ataque, em especial, eu tive ainda mais cautela e usei ainda mais da lógica e conhecimentos.

Muitos dos nativos fugiram pela mata. Tomados pelo medo que os rodeava nos últimos dias, correram sem olhar para trás. Muitos dos homens entraram na luta, tentando proteger sua aldeia e famílias, mas foi em vão. Se todos se unissem para nos derrotar, com certeza não voltaríamos para casa. Mulheres fugiram. Algumas com crianças, muitas abandonaram tudo para trás buscando se salvar.

Vencemos! A aldeia está complemente abandonada e destruída. Há algumas construções, mas, como esse tipo de organização social dependia de muitos indivíduos, os poucos que restaram não conseguiriam reerguer aquilo que um dia conheceram como lar.

Agora é o momento da recompensa: exploramos o que restou e foi deixado para trás. O que pegarmos nos pertence. A regra sobre as aquisições é muito simples: quem pegou é dono, ou seja, não nos unimos para colher o tesouro e depois dividi-lo entre os integrantes do grupo. A meritocracia funciona sempre, até dentro no nosso próprio sistema. Então, quem acha algo, fica, ou, se é mais forte, leva o troféu.

Às vezes aconteciam brigas dentro do grupo, quando acontecia de mais de uma pessoa desejar algo. Mas era raro, pois na hora de vasculhar os escombros, duplas, trios ou até quartetos se formavam em busca de riquezas, mas cada integrante desses pequenos grupos rastreava uma parte da região sob exploração.

Quando mais de uma pessoa se interessava pelo mesmo objeto, a mais fraca tendia a ceder, pois já conhecia seu oponente, devido ao convívio com ele durante as expedições e à sua reputação na comunidade. Isso a fazia analisar as suas chances de vitória de uma possível luta. Como não vale a pena entrar em luta sem uma chance de êxito menor que 80%, normalmente tais eventos sangrentos não ocorriam.

Eu tinha minhas particularidades: gostava de observar, analisar, programar-me, para só então agir. Por conta disso, eu costumava descer do navio por último e buscar as recompensas também. Os mais afoitos tinham grande pressa em conquistar o lugar e achar os pertences de valores. Eu preferia avaliar o comportamento das pessoas, meus companheiros e rivais. Muitas coisas que eu conseguia aprender sobre as pessoas, comportamentos e sentimentos a partir dessas observações.

Como eu gostava de apreciar os meus próprios pensamentos, curtia a solidão. Normalmente, eu ia para os lugares mais inusitados buscando minha gratificação de batalha. Meus companheiros já tinham até se acostumado, mas continuavam a estranhar esse meu comportamento. O capitão me olhava com admiração, como se visse que eu fosse conquistar algo a mais ou descobrir um mundo novo. Desta vez ele estava muito certo.

Entrei numa casa, procurando tesouros. A casa era feita de barro, terra batida e tinha estruturas estranhas para mim. Na minha cidade, as casas eram de madeira. Aquele lugar era muito diferente, o que me fazia agir com bastante cautela.

Achei quatro pessoas femininas, com expressão de medo e ansiedade em seus olhos, acuadas num canto. A mais velha parecia ser a mãe das outras, pela fisionomia e pela conduta de se pôr na frente das outras para tentar protegê-las. Ela devia estar na casa dos 40 anos, denunciada por suas rugas.

A segunda mais velha devia ter uns 16 anos, enquanto que as outras duas deviam ter 14 e 8 anos. Nos olhos da mais velha vi o medo do bárbaro que invadira sua terra, a falta de esperança por não ter aonde ir ou onde morar, o desespero por perder tudo, incluindo a forma de viver, parentes e cultura, a falta de esperança de reconstruir as próprias vidas, a submissão por não ter como lutar, a solidão por terem tanta perda social repentina e a resignação de aceitar os acontecimentos por não ter outra opção. Elas estavam totalmente entregues.

A mãe sabia como a sociedade dela funcionava e por isso tinha medo de guerras. Sabia que tudo que restasse seria dominado pelos conquistadores, incluindo as mulheres sobreviventes.

Vi o medo que sua alma sentia em imaginar suas filhas sendo estupradas por um bárbaro bruto e desconhecido. Para ela, a virgindade das filhas era a coisa mais importe a preservar, pois representava algo de significativo valor, embora impalpável: a dignidade delas.

A aldeia foi dizimada. Os homens foram mortos, muitas pessoas correram e se perderam pela mata. Os que sobraram eram crianças, ou muito jovens, ou pessoas incapacitadas de fugir, como as que tinham deficiências ou tinham se ferido gravemente na luta. Não eram pessoas atrativas nem para escravizar, pois não tinham como produzir mais do que custavam. Por isso era costume deixá-los à mercê da sorte por entre os restos do que um dia fora uma organização social, o que nos provinha de poucos escravos para comercializar.

Não nos importávamos com eles normalmente, mas, neste dia, algo aconteceu comigo e olhei aquelas quatro fêmeas com pena. Eu sabia o que aconteceria com elas. Algum homem iria achá-las e tomá-las para si como escravas. Não teriam a clemência de matá-las ou abandoná-las ali, ainda mais tendo tanta beleza naquele par de moças em plena juventude.

Provavelmente, seriam separadas: a mãe seria abandonada no local, a mais nova vendida e as do meio usada para entretenimento, que era exatamente o maior medo daquela mãe.

Alguma divindade tocou meu coração e modificou a minha visão daqueles que estavam na minha frente. Elas não eram escravas, eram pessoas com medo e sem esperança, completamente sem estrutura ou possibilidade de se reconstruírem como pessoas. Aquele ataque fora o maior golpe de suas vidas, tirando-lhe tudo, exceto a vida propriamente. Eram sobreviventes e, assim, agiam como tal, aceitando o que o destino lhes impunha a tanto contragosto.

Analisei todas essas informações em segundos e decidi usar das regras da minha sociedade para tentar amenizar o terror e a dor que aquelas mulheres viviam. Escolhi levá-las como escravas. Uma das ferramentas que levávamos eram cordas, pois havia diversas serventias entre lutas e coleta de objetos. As amarrei pelos pulsos e, estes, à corda. Assim, eu puxava a corda e elas vinham andando.

O sistema de escravizar e manter o domínio não é tão simples ou fácil, pois a rebeldia e a resistência são características do ser humano de forma geral.. Por isso, eram necessárias algumas táticas implícitas para manter os indivíduos sob controle.

Eu não gostava de como era feito no meu povoado, pois era muito fixado em castigos físicos e isso não dura muito tempo. Os castigos físicos impõem medo, não respeito. Geram ainda mais revolta, que acende a esperança de fuga e aumenta a vontade de lutar contra aquele que fere. Eu preferia o sistema de domínio através da lealdade, compreensão, respeito e vínculo. Era muito mais eficaz e era como eu fazia os meus relacionamentos.

Para capturar escravos é importante pegar primeiro o líder, visto que isso tira a segurança e estabilidade do bando, que lhe é subordinado. Quando o bando é muito grande, capturar o líder não é tão eficiente e pode ser muito difícil. Então, capturar um por um, cuidadosamente e no tempo adequado, é de suma importância.

Assim como causamos pânico naquela cidadela, a captura de grande quantidade de escravos deveria seguir uma estratégia similar, causando pânico naqueles que ainda estavam fugindo e inibindo a capacidade de pensar, a qual é a origem das soluções.

No início, o processo é lento. Porém, quanto mais pessoas somem, mais medo há, estimulando a desorganização do grupo, que era a chave para a conquista.

Amarrei a mãe, primeiramente. Ela não demonstrou nenhuma resistência, já que seu medo era o bem-estar das filhas e sabia que não tinha nenhuma possibilidade de sucesso em qualquer enfrentamento contra mim. Assim, as filhas foram seguindo o comportamento da mãe, a qual era o exemplo que tinham. Então, da mais velha para a mais nova, amarrei-as. Puxei-as e fui caminhando para o barco. Quando a galera me viu com quatro escravas, todos ficaram surpresos por tamanho prêmio que eu havia conquistado. Era raro conseguir dominar e conquistar dois escravos, quem dirá quatro de uma vez! E, ainda por cima, duas delas eram lindas e muito atraentes.

Nessas circunstâncias os homens ficam ainda mais extrovertidos e agressivos. Ficamos semanas rodeados de homens, sem sequer ver uma única mulher, o que fez a nossa testosterona aumentar, parte crucial para nos estimular a batalhar, mas que também nos deixa cheios de tesão e mais atrevidos com mulheres. É um processo biológico.

Com tudo isso começaram a me elogiar, admirar-me e a tirar sarro das garotas, tentando usufruir delas como era permitido: somente com os olhos. Eu estufei o peito, entrei na onda de gozações, mostrei minhas mais valiosas aquisições e as coloquei no barco.

Colocávamos nossos lucros no barco e descíamos a procura de mais, até revistar tudo ou o capitão mandar que voltássemos. Então eu fui buscar mais prêmios. Cada um tinha suas próprias coisas e ninguém mexia nas coisas dos outros, portanto, ninguém tocava nas garotas. Eles podiam olhar e falar delas, mas não com elas diretamente nem tocá-las, pois eram minhas propriedades.

O capitão ajudava a manter a ordem, que era a base para tudo funcionar.

Após revirarmos tudo e coletar o que desejávamos, era hora de preparar a volta para casa. Era momento de alegria, euforia e orgulho, regado a bebidas, comidas, conversas divertidas, na festa que durava todo o percurso de volta. Como havia planejamento, não faltavam comida ou bebidas para a viagem. Antes de zarpar da cidade, provínhamos de tudo o que fosse possível necessitarmos no tempo de deslocamento.

Às vezes, quando íamos para lugares muito afastados, tínhamos de fazer paradas para caçar e coletar água e frutas, reabastecendo nossa moradia flutuante temporária.

Não costumávamos ir a mar aberto, pois nosso objetivo era achar outros vilarejos, os quais eram mais comuns de existirem em beira de rios ou lagos.

Assim, era fácil e rápido atracar o navio para equipá-lo com novos mantimentos.

– NOVA REALIDADE –

Chegar ao cais após uma vitória era o auge da vida daqueles homens que enfrentavam as águas e as guerras. A cidade nos recebia como heróis, olhares admirados e apaixonados surgiam e elogios vinham de todas as partes.

Desta vez, todo esse burburinho de inflar o ego não me influenciou. Claro que eu respondia com gentileza e retribuía os elogios, mas desta vez tudo estava fora do comum. Os tesouros eram retirados do navio a céu aberto, permitindo que todos os que conseguissem um lugar para espiar avaliassem a riqueza adquirida e por quem fora conquistada. Esta era uma forma de avaliar a prosperidade e a bravura daqueles campeões.

Eu fiquei deslocado, visto que nessa viagem parte do prêmio havia sido em humanos. Não apenas humanos, mas ótimos exemplares!

Nessa minha cultura, o forte leva. Então, para escravizar bastava dominar o outro. Podia ser pai escravizando filhos ou mãe fazendo o mesmo, ou irmãos mais fortes vendendo os mais fracos. Podia-se dominar pessoas da cidade, do campo, de outras aldeias... Não havia restrição de origem.

Mas aquela situação era nova para mim, mesmo que eu soubesse como funcionava. Escravos que chegavam de outras localidades costumavam ser mais desprezados, pois eram vistos como perdedores.

Aqueles que nasciam na própria cidade eram vistos com mais respeito, já que muitas pessoas na minha cultura conheciam o mecanismo de dominação e acabavam por gerar algum nível de empatia por quem perdera a sua própria liberdade.

Assim, comecei a descarregar a minha parte do lucro e levar para a minha carroça, com esperança de diminuir o tumultuo de pessoas ao redor do cais para poder tirar as meninas com menos embaraço possível.

Contudo eram muitos prêmios que a expedição tinha nos dado. Quanto mais tirávamos, mais gente se amontoava para ver as novidades e contemplar os formidáveis guerreiros. Os rumores e as fofocas começavam e aumentavam à medida que mostrávamos as nossas recompensas. Eu sempre fui uma das pessoas que mais ganhava nessas jornadas, motivo pelo qual era bem falado e desejado. Era um momento que engrandecia meu ego, meu orgulho me promovia e a sensação era fantástica.

Entretanto, naquele momento, isso não acontecia. O aglomerado só aumentava, estimulando a minha preocupação. Eu não queria que as pessoas maltratassem aquelas meninas. Eu sabia o quanto estavam aterrorizadas e tristes. Falta de respeito vindo de outros seria algo que agravaria ainda mais o estado de ânimo delas. Por sorte, as pessoas começaram a se dispersar, aliviando a minha angustiante preocupação. Agora elas eram minhas e, portanto, o bem-estar delas era dependente diretamente de mim. Apesar da dispersão da multidão, ainda havia um bocado de gente avaliando aquela chegada triunfal. Já restavam pouquíssimas coisas minhas, que seriam levadas pelas minhas novas aquisições humanas. Assim, eu saí do navio puxando a corda com as escravas presas, que levavam os últimos objetos que eu conquistei.

Eu andava com uma postura de superioridade, com peito estufado, levemente esnobe. Eu sabia que essa postura deixaria claro que não aceitaria nenhuma brincadeira de mau gosto nem que as escravas fossem desrespeitadas.

A plateia mais próxima fez cara de espanto ao ver a escrava mais velha. Esse espanto tomou conta do grupo que se mantinha perto ao cais. Eu já percebia tudo e notava os questionamentos sobre levar uma escrava tão velha e sem muita serventia. Parecia que eu tinha endoidado. Assim, eu era um herói fabuloso e com debilidade mental, dado que eu era um dos melhores guerreiros, mas escolhera um péssimo exemplar de escravo.

Então, a segunda escrava apareceu. Sua beleza e juventude fizeram com que todos se esquecessem da primeira, que estava na frente. Agora, a atenção era somente daquela bela moça de 16 anos.

As mulheres mais velhas olhavam com admiração, por eu tê-las conseguido. Os homens olhavam com cobiça e desejo animal. As moças mais novas tinham inveja e a demonstravam fazendo ar de superioridade tentando desmerecer e reduzir a jovem moça.

Isso também era porque, apesar de invejarem aquela formosura, não eram escravas e sabiam o que uma escrava bonita significava: sexo à disposição.

Quando a segunda moça apareceu por entre os nós da corda, a cidade contemplou aquele momento histórico: duas escravas lindíssimas de uma vez e por um único homem! Praticamente, todos se ajoelharam perante a mim por meio de seus olhares. Palavras eram insuficientes para expressar seus sentimentos de orgulho, admiração e inveja.

Assim, chegou a hora da quarta moça sair no navio. Era bem novinha, com apenas oito anos, mas quem conhecia de escravos sabia que ela daria uma formosa escrava. Estava no momento ideal para chegar, visto que teria tempo de aprender tudo, aceitar os novos costumes e aprender a servir até a maturidade chegar ao corpo.

A cidade parou. Quem presenciava tudo observava encantado. Fomos até a carroça num desfile. Muitos nos acompanhavam, apreciando aquelas riquezas em forma de mulheres.

À medida que andávamos e passávamos por entre as pessoas do aglomerado, a multidão cochichava. Eu percebia tudo, todas as opiniões através das expressões faciais. As meninas estavam cada vez mais reprimidas, com olhares baixos e com medo de serem hostilizadas, além de se sentirem imponentes naquele momento com intensas novidades emocionais.

Enfim, chegamos ao nosso meio de transporte. Arrumamos os objetos e nos acomodamos. Fui no banco, guiando os cavalos. A mulher mais velha foi ao meu lado, com a segunda mais velha ao lado dela. As outras foram na parte de trás, junto dos objetos. Em silêncio, seguimos o caminho pela estrada até a minha casa, que agora seria nossa.

A mãe, Qsandra, estava cabisbaixa. Eu notei a sua sensação de impotência de proteger as suas filhas, como se estivesse se culpando por tudo aquilo e pelo inevitável que estava prestes a acontecer: uma vida infeliz e repleta de abusos. A virgindade de suas filhas era a sua maior responsabilidade e, agora, ela já não tinha mais controle sobre isso. Parecia que ela sentia o fracasso de toda uma vida, como se sacrificasse a vida inteira em busca de algo e agora tudo tinha ido pelos ares. A sua sensação de impotência era tão grande que se comparava a perder o controle sobre o próprio corpo, estando completamente nas mãos de outrem.

A moça mais velha, Goën, tinha uns 16 anos, tinha a beleza esculpida em seu rosto, de pele lisa e macia, corada e pele amarelada. Na minha cidade éramos todos muito pálidos, então ela chamava bastante atenção por sua pele de tom diferente. Ela parecia ter mais vitalidade.

Seus seios e comportamento de dama recatada e obediente, juntamente com seu vestido de impecável costura, demonstrava que seria uma escrava formidável, servindo ao dono e obedecendo às ordens. Ela estava triste. Tinha se dedicado a toda a sua vida em ser aquilo que a mãe falava que devia ser e então tudo se fora, como se todo o seu esforço para ser perfeita fosse arrancado de sua vida. Além disso, ela sabia o que estava por vir, nessa nova vida, em que há donos totais.

Na sociedade dela, o dono era o marido, mas havia chance de manipulação verbal e chantagens para conseguir conquistar seus interesses. Ali, naquela nova vida, a chance de alcançar seus desejos era tão ínfima que chegava a ser nula, retirando toda a esperança de seu coração.

A outra jovem se chamava Ríqta e tinha 14 anos. Seu corpo era lindo, com atração em seu rosto, chamando atenção para o sexo. Mas, em seus olhos, havia o medo do desconhecido.

Ela ainda não entendia da vida, dos relacionamentos ou como as pessoas funcionavam. Ela era uma jovem pupila: aprendiz de dama. A sua irmã, Goën, já tinha aprendido e já tinha sido considerada como adulta em sua antiga tribo, entrando para o círculo social das pessoas maduras.

Ríqta estava aprendendo ainda, quando a sua cidade foi atacada. Ela estava no meio do processo de aprendizagem para ser uma dama, o que a fez não saber como se comportar. Ela ainda não era adulta para saber o que fazer, mas já não estava mais em seu lar, o que a deixava apreensiva e ansiosa por não saber como proceder ou o que aconteceria.

Sílvia era a mais nova, com apenas 8 anos de idade. Ela não estava preocupada como as outras, ela apenas não entendia o que estava acontecendo. Era muito curiosa e observava tudo.

A sua falta de compreensão para com a vida a levava a acreditar que agressão era necessariamente física e desconhecia as chantagens ou ameaças vindas de outras fontes ou formas. Por não ter sofrido de tal injúria ou visto as suas irmãs ou mãe passarem por tal situação, ela não estava com medo ou traumatizada, como o restante da família.

Ela era mais independente e não vivia de círculos sociais, o que fez com que a perda de sua sociedade não fosse tão importante emocionalmente para ela. Embora as irmãs mais velhas e Qsandra deixassem claro a tristeza para com tudo o que estava acontecendo, para Sílvia tudo o que vivia ali era apenas novidade, sem conseguir chegar a alguma conclusão se era boa ou ruim.

Sílvia era contra as imposições da mãe, mas sentia que não tinha outra opção além de acatar com as suas vontades, ficando dominada por ela, mas desenvolvendo revolta dentro de si.

Apesar de estar em terras distantes e tão diferentes das que costumava viver e conhecer, ela estava tranquila, olhando tudo, como se fosse um passeio. Ela parecia estar até curtindo a liberdade, mas a figura da família em sofrimento a fazia não mostrar toda a sua alegria em conhecer outros lugares e ficar um pouco apreensiva pelo futuro próximo.

Sua inocência e falta de compreensão do que estava acontecendo a protegia da dor emocional, ou, pelo menos, era assim que a mãe dela pensava.

– ESCRAVIDÃO –

Chegamos em casa, após uma viagem longa, silenciosa e melancólica. Elas, apreensivas, e eu, tentando curtir o som da natureza.

Embora tentasse me focar no sol, nos cavalos andando, nas gramíneas ao vento e nos passarinhos voando, havia um clima ruim de ansiedade. Eu era o dono e, portanto, devia me sentir bem.

Agora teria quem fizesse o que eu mandasse, mas essa sensação me trazia nada de bom. Na verdade, essa era a razão da minha angústia: eu era responsável por outras pessoas.

E ainda vai além! Eu era responsável por aquelas quatro pessoas. Eu tinha destruído suas vidas e, embora parecesse ruim escravizá-las, foi a melhor opção que julguei para salvá-las de vidas ainda mais miseráveis.

Mas a opção que parecia ser a melhor para elas, era horrível para mim. Minha vida mudou, tudo seria diferente. Eu teria mais responsabilidade e mais trabalho, pois cultivar criados não era trabalho duro, mas requisitava muito cuidado psicológico, muita manipulação com agressividade e doçura ao mesmo tempo.

Cada pessoa funciona de um jeito. Algumas respondem ao medo, outras à esperança, outras, ainda, à energia da revolta. É necessária muita perspicácia para observar, analisar e pôr em prática as táticas comportamentais certas para cada tipo de pessoa. É um jogo de equilíbrio em que uma pequena sutileza pode fazer com que o equilíbrio se perca e o caos se desenvolva. Portanto consumia muita energia em raciocínio, compreensão, empatia e, simultaneamente, um pouco de dominância.

Eu já sabia um pouco como esse jogo de relacionamento funcionava, pois era assim que eu cultivava "amizades" e negócios. Mas um relacionamento entre senhor e escravo era algo totalmente novo para mim. Eu não gostava disso, motivo pelo qual não buscava escravos em batalhas nem os comprava na cidade.

Este era um caso especial: escravizei-as para salvá-las. Como, então, ter uma vida de escrava melhor do que se vivesse quaisquer outras opções?

Não queria fazê-las infelizes, nem abusar de ninguém, contudo, iríamos viver no mesmo lugar e eu era o único que conhecia a cultura local, além de ter algumas posses que me permitiam viver. Elas não tinham nada além do que vestiam, que, por sinal, eram minhas posses também.

Os escravos eram propriedades das famílias que os possuíssem, servindo a mais de uma pessoa e à coletividade do lar.

Dentro de cada casa havia uma hierarquia própria. Havia famílias em que o responsável era o pai, ou a mãe, sogra ou sogro, ou um casal e até mesmo o filho mais velho. Tudo dependia de quem conseguia controlar os demais e impor seus desejos, prevalecendo as suas regras. A lei da natureza sempre!

Logo, o responsável pela estrutura familiar tinha como designar um escravo para seu uso pessoal ou de outrem, motivo pelo qual este tinha obrigações diferenciadas e até um tratamento ímpar. O seu dono tinha liberdade para tratar seu objeto pessoal como desejasse, sem intervenção de quaisquer outras pessoas.

Ao mesmo tempo em que eu era o dono, era também o tutor, aquele que mostraria a cultura e ensinaria como viver naquele novo lugar, distante do que antes conheciam como casa. É uma grande responsabilidade, com limites sutis. Qualquer deslize no tom de voz, olhar ou um gesto simples poderia mudar tudo, toda a interpretação delas sobre o que acontecia, sobre mim e, consequentemente, gerar sentimentos que as levariam a agir de forma imprudente ou improdutiva.

As línguas faladas por nossos povos eram parecidas o suficiente para nos entendermos. A verdade é que o meu povo vivia com este hábito de cruzadas há muitos anos. Então, acontecia de mesclar os povos.

Às vezes, alguns guerreiros ficavam para trás e sobreviviam com o resto da aldeia e das pessoas desta, que foram deixados para trás pelos seus ex-companheiros; acontecia de pessoas irem embora da cidade e ir para tais povoados; escravos fugirem de nós, ou de outros lugares, e chegarem até nós, haja vista que nós não éramos os únicos que usavam desse sistema de serventia social. Assim, havia algum intercâmbio de culturas.

Esses povoados e cidades não eram tão distantes assim dos outros. Alguns dias de viagem era o suficiente para achar outra civilização, com outras crenças e comportamentos. Bastava vagar pela estrada ou mata ou ir pelo mar ou até mesmo seguir um rio para achar outro lugar que pudesse chamar de lar. Dessa forma, apesar de haver um choque de culturas, não era muito grande e era possível se adaptar à nova vida.

Quem estivesse disposto a aprender sobre o novo lugar, as novas regras, tinha facilidade de aceitar as novas convenções. Entretanto, para aqueles que não quisessem abrir mão de sua própria cultura, a vida passava a ser um sacrifício e constante conflito e revolta se fazia dentro deles.

Para as pessoas mais novas e aquelas que deixaram seus lares buscando uma forma de viver melhor, havia uma chance muito grande de aprenderem as novas tradições e se acostumarem, recebendo o benefício de uma vida agradável, podendo até ser considerada próspera e melhor da que tinham antes de chegar à minha sociedade.

Elas estavam mais dispostas a ceder e a se renderem, ou seja, abandonar sua antiga cultura e receber outra. Esse era o ponto chave para adaptação de qualquer pessoa em qualquer situação. Quem se adaptasse, usava da cultura para seu benefício, utilizando técnicas e ferramentas bem-aceitas pelo povo local para buscar o que desejavam.

Contudo, para quem não estivesse decidido deixar para trás os seus hábitos, a vida passava a ser um tormento, em que nada mais fazia sentido.

Para tais pessoas, as regras eram mais importantes do que os objetivos individuais. Manter a tradição era o propósito da vida. Então, ao se depararem em um lugar onde a sua finalidade de vida não poderia ser aplicada, onde as pessoas não acreditassem em suas crenças ou hábitos, tornava-se impossível manter suas tradições.

Dessa maneira, tais pessoas perdiam a motivação para a vida, a esperança de melhora e, com isso, a indignação começava a crescer em seus corações, o que alimentava a sua revoltar interior a respeito da vida.

Isso fornecia o suprimento necessário para que a pessoa se focasse cada vez mais no que havia perdido e menos no que poderia aprender e conquistar, gerando, cada vez mais, o sentimento da amargura e outros, como o rancor, ódio e raiva, fazendo-a deixar de ser produtiva. Quanto menos produtiva, menos valorizada era, estimulando o seu ponto de vista negativo sobre a atual situação. Assim, esse círculo vicioso de emoções se autoestimulava, aumentando a sua revolta e indignação.

Pessoas amargas e revoltadas não são acolhedoras, fazendo com que os demais de afastem dela. Esse afastamento gera solidão, falta de valorização, caindo no círculo vicioso dito.

Tais pessoas poderiam crescer e conquistar respeito e admiração daqueles que as rodeiam, mas se prendem tanto ao que perderam, que acabam por não conquistar corações ou amizades.

Assim, os escravos recém-capturados costumavam seguir esses dois padrões mais comuns: assimilação da nova realidade ou revolta. Os primeiros conseguiam conquistar um posto na sociedade, tendo a chance de obter a própria liberdade e até ter seu próprio negócio ou vida independente.

Já para os segundos, uma vida miserável, presa a tarefas essenciais mal realizadas, constantes reclamações e castigos dos donos eram-lhes o destino, criado por eles mesmos.

– ADAPTAÇÃO –

Minha casa era bem grande, considerada de luxo. Feita de madeiras, toras, peles etc. Era de um cômodo, mas bem grande. Havia um espaço próprio para a fogueira, no centro da casa, pois a região era de muito frio.

Eu tinha uma cama grande, para duas pessoas. Havia um tipo de manta na lateral da cama, o que separava do restante da casa, já que ficava num ponto do canto da casa, tendo, então, paredes em dois lados. Como a casa era grande, a fogueira no centro e eu morar sozinho, muitas vezes eu forrava o chão com tapetes ou peles para deitar perto da fogueira e me manter mais aquecido durante os períodos mais frios.

A chama da fogueira se estendia por cerca de um a três metros de altura e a fumaça saía pela fenda no teto, construída exatamente para isso, como uma chaminé. Assim, era possível manter a casa aquecida mesmo durante a chuva.

Os espaços eram separados por espaço físico: a cozinha possuía os utensílios de cozinha, fogão a lenha, mesa, cadeira etc., tudo próximo. Ao se distanciar, chegava-se a outra parte da casa, que concentrava os utensílios necessários à prática destinada pelo local da casa, como a região para receber visitas, onde tinha alguns assentos, ou a região de produção manual, onde eu tinha linhas, agulhas e outras ferramentas para tais trabalhos.

Logo em frente à cozinha, que possuía uma janela, havia uma horta. Isso me poupava de ir até a cidade sempre para comprar comida.

Entrei com as garotas na casa e as deixei livres para andarem e conhecerem seu novo lar. Em poucos minutos, reuni-as e comecei a falar, dando as regras que ditariam a nova forma de vida.

—Você – olhei para a Sílvia, a mais nova - cuidará da horta e ajudará a sua irmã na cozinha.

— Você vai trabalhar na cozinha – falei para Ríqta. – Cuidará de fazer a comida para todos e lavar tudo que for necessário ao seu serviço.

Olhei para a outra mocinha, Goën, e disse:

— Você fará as necessidades da casa, resolvendo o que haja necessidade, como varrer e costurar. Além disso, irá à cidade comigo.

A mãe suspirou. Ela estava com medo de ver alguma de suas filhas virarem escravas sexuais.

— Você fará as coisas da casa – falei para Qsandra.

Depois, quando as meninas foram trabalhar com seus novos afazeres, eu a chamei mais uma vez.

— Você também me servirá sexualmente.

Percebi o medo e a impotência dela, além da frustração. Embora soubesse que seria inevitável servir ao seu amo com sexo, era como ela poderia fazer alguma coisa, ou seja, usar de suas artimanhas de manipulação social para conseguir algumas coisas, tentando amenizar o sofrimento das filhas e, até, quem sabe, conseguir algo melhor para elas.

Ela não tinha o que fazer, além de aceitar. Mas estava satisfeita por poder fazer isso no lugar de suas meninas.

Era um misto de sensações: repulsa, por ter de dormir com um bárbaro asqueroso; inferioridade, por ter de obedecer o homem que acabou com a vida dela, o que a impedia de mostrar o seu menosprezo por outras pessoas e saciar o seu ego; humilhação, por ter de saciar outra pessoa em vez de usar os outros para saciar o seu orgulho; prazer, em poder usar a sua manipulação através do sexo; satisfação e alívio, em evitar o sofrimento das filhas e preservar-lhes a virgindade, que era a coisa mais importante que elas tinham, segundo suas crenças.

Assim, ela mesma não entendia o que estava acontecendo nem sabia o que sentia, só achava revoltante ter de se submeter a uma situação de tamanho vexame público. Elas tinham o pai das meninas como protetor. Agora não tinham mais ninguém e deveriam aceitar qualquer imposição para evitar situação pior, como se separarem. O medo se se perderem umas das outras formava uma ligação bem consistente, que as mantinha subordinadas, acatando qualquer ordem para se manterem juntas.

Qsandra era ótima observadora e manipuladora e entendia tudo através de olhares e pequenos gestos. Então, logo ela percebeu que não era comum ter tantos escravos numa única família, ou mesmo na cidade.

Os olhares dos curiosos da cidade deram-lhe muitas informações valiosas, como a forma que os escravos eram tratados, os objetivos de cada tipos de servente, modo de viver e, principalmente: não se mantinha famílias inteiras juntas como criados. Assim, ela sabia que seria necessário sempre provar que elas quatro poderiam ser produtivas o suficiente para render lucro e não serem vendidas e, dessa forma, separadas.

Ela também percebeu uma liberdade assustadora que eu estava dando a todas elas. Ela logo ficou desconfiada, temendo algo pior, mas que não conseguia imaginar o que era.

Qsandra era uma mulher que entendia o que as pessoas sentiam a partir de comportamentos que passavam despercebidos pela maioria das pessoas. Como ela era muito egoísta, tentava usar tudo e todos a seu favor.

Aquela mulher estava acostumada a se comportar de forma aparentemente submissa, mas completamente controladora e maquiavélica, através de suas palavras doces e venenosas. Ela absorveu a cultura de onde nascera e fora criada, aceitando a posição feminina como subalterna de homem perante a sociedade. Contudo, por meio de manobras psicológicas, ela conseguia fazer com que as pessoas ao seu redor agissem como ela desejava, fosse dentro de casa e em conversas mais privativas ou com gestos mais sutis. Assim, ela demonstrava uma aparente postura exemplar na sua comunidade de origem, pois os indivíduos sob o seu domínio não percebiam tal controle.

Sua postura "exemplar" era notada por quase todos da cidade de onde viera e ela se vangloriava disso. Esta era a forma dela viver: aparentava ser uma pessoa perfeita, bondosa e um ídolo em quem os outros deveriam se inspirar. Ela desconhecia sentimentos agradáveis sutis e em longo prazo, como a tranquilidade, paz ou amor.

Era uma pessoa de sentimentos intensos, mas comportamento controlado para manter sua reputação de bela dama. Enquanto aqueles que a rodeavam a admiravam ou a invejavam, em seu peito sentimentos pesados reinavam. Ela não gostava de ser admirada. Ela gostava de ser invejada. Quando era admirada, ficava incomodada, como se não fosse boa o suficiente. Quando era invejada, sentia que incomodava os outros e interpretava isso como sendo superior, ou seja, na sua cabeça as outras pessoas não conseguiam ser como ela, sendo, então, inferiores. Era assim que ela fazia a sua vida.

Tinha o casamento perfeito, filhas perfeitas, casa perfeita, comportamento perfeito, aparentemente. Toda essa perfeição saciava seu ego, tentando convencer-se de que era melhor do que as outras pessoas. Isso tranquilizava a sua revolta interior, que era o incômodo original. Em seu íntimo, vivia uma revolta permanente por não viver o que queria, por não poder fazer tudo o que desejava, por não ser amada por todos, pela vida não ser o que ela desejava.

Qsandra não suportava a ideia de ser inferior, de ter de obedecer a alguém e não poder discordar. Como ela vira que não era uma opção sensata agir independentemente dos outros na cultura onde crescera, atendeu às regras sociais. Caso ela não aceitasse tais condições, provavelmente seria banida dos grupos mais poderosos e seria alvo de fofocas, sentindo-se ainda mais inferiorizada. Então, a forma que ela tinha encontrado para não passar por tamanho vexame de não ser ninguém de grande importância, era fingir que aceitava as normas que reinavam no lugar onde crescera.

Por entre os sistemas de poder, ela usava a sutileza de agressões verbais, em que suas vítimas não compreendiam serem vítimas. Isso era ótimo, pois ninguém a via como vilã e isso lhe dava mais domínio sobre seus servos sem consciência de suas verdadeiras condições.

Esse controle sobre os outros lhe saciava o ego, a sua crença de superioridade. Saber que outras pessoas faziam o que ela desejava dava-lhe um prazer enorme. Ela entendia que era muito inteligente, visto que fazer coisas que outros não sabiam ou não percebiam, bem como se sentir a exceção superior às regras, era sentido por ela como sinal de prestígio e mérito. Sentir-se sábia era muito bom, como se fosse uma deusa, como se fosse a dona da cidade e os cidadãos seus servos leais e fiéis.

Todo esse conjunto de informações era passado pelos seus olhos e seu comportamento, os quais eram obedientes e perfeitos demais. Embora suas ações de maior impacto fossem acertadas, acatando às ordens, as pequenas expressões, como movimento de dedos, ângulo da cabeça, forma de arrumar o cabelo, andar, tom de voz, palavras escolhidas para se expressar e, principalmente, o olhar, delatavam tudo o que se passava no coração e na mente daquela mais nova servente rebelde. Eu sabia que teria trabalho com ela.

O orgulho jamais a permitira aceitar a sua nova situação de fato. Ela guardava seu orgulho para si, já que não era oportuno mostrá-lo. Porém seu maior desejo era voltar a saciá-lo, dominar os outros e voltar a agir com superioridade, impondo os seus caprichos sobre os outros. Agora, até as suas filhas estão à beira da liberdade de suas táticas de manipulação, algo insuportável de aceitar para Qsandra.

Dentro daquela pessoa que parecia tão apagada de vida, triste e resignada de sua nova condição, morava alguém que lutava com todas as forças para libertar o seu maior desejo: impor suas vontades. Isto só é possível quando somos dominadores, não subalternos.

Quando dependemos de alguém, a insegurança nos leva a "engolir" o orgulho e a aceitar o que nos oferecem. Mas, quando temos o poder e controle suficiente para nos garantir, e confiança de que nossos desejos serão acatados e que nós permaneceremos aceitos e supostamente amados pelos demais, então agimos com todo o nosso ego, mostrando o tamanho do nosso orgulho, exibindo todo o nosso egoísmo e a personalidade na íntegra. Por isso, eu sabia que tudo o que ela fizesse seria em busca de saciar pelo menos parte dessa vontade.

Avaliando todo esse conjunto de informações, concluí que ela seria quem sempre teria alguma chance de acabar comigo de alguma forma, tentando se sobressair. Isso era cansativo e, muitas vezes, eu precisava me tranquilizar para manter a paciência sobre Qsandra, já que eu conhecia o seu poder sobre as outras três.

Essa mulher era do tipo que jamais aceitaria o que tinha. Levaria em sua alma o desejo eterno de provar que era melhor e que era um absurdo a condição pela qual passava. Por isso não era possível uma vida totalmente tranquila: enquanto eu vivesse, ela nutriria vingança, já que em sua cabeça eu era o culpado por toda a desgraça e humilhação que ela estava passando.

Não importaria quanto tempo passasse. Poderiam ser meses, anos, décadas... Para quem cultiva vingança, quanto mais o tempo passa, mais o desejo aumenta, até chegar ao ponto de ficar obsessivo e a pessoa não pensar em outra coisa.

O indivíduo que cultiva tal sentimento costuma ser consumido por esse desejo gradualmente, ao longo do tempo. A pessoa vai abrindo mão de tudo, inclusive de si mesma, quando fica obcecada. O indivíduo se reprime, mantendo seu comportamento visando ao melhor momento para praticar o que considera justiça. Eu conseguia visualizar todo esse futuro naquela pessoa de rosto dócil e tom de voz cativante, mas de palavras ásperas e pesadas, o que me fazia viver atento.

Como vivíamos distante da cidade, tínhamos a tranquilidade de um lugar mais calmo, o que nos dava um bom ritmo de vida. O silêncio medonho era nosso companheiro, assim como os pensamentos melancólicos e a extrema obediência por medo ou ansiedade.

Após alguns dias, chamei Qsandra:

— Faça um vestido para Goën. Daqui a dois dias irei para a cidade e ela me acompanhará. Faça o melhor que puder até lá, pois é fundamental ela estar bem apresentável, por isso, faça o melhor vestido que fará na sua vida!

Qsandra recebeu a ordem com espanto e medo. Já imaginou que a filha seria vendida, que não a veria mais e que perderia sua "posse", pois era assim que a via. Seu lado orgulhoso desejava fazer o melhor vestido, já que sempre buscava aprovação e inveja alheia. Por outro lado, o medo de perder a filha a levava a pensar em não fazer algo muito belo, para que a filha não atraísse atenção de um possível comprador. Isso a fez planejar um vestido bonito, mas nem tanto.

Como só tinha dois dias para trabalhar, não havia muito o que se fazer. Roupas eram feitas à mão, muitas vezes incluindo a fabricação do próprio tecido. Então era muito custosa e penosa a produção de uma roupa.

As meninas ficaram com receio também. A mais nova era a mais alheia ao que se passava e, por isso, a mais tranquila e esperançosa com a vida. Goën ficou com medo, pois iria comigo a um lugar desconhecido e não fazia ideia do que estava para acontecer. Eu, rapidamente, tranquilizei-a, com ações implícitas e mantive a minha calma. Quando mantemos a calma, passamos segurança para quem nos rodeia, mantendo um clima mais confortável e estável no ambiente.

Dois dias depois, Goën estava pronta e arrumada. Ela estava bem bonita, com uma roupa simples, mas seu jeito recatado e delicado dava graça à sua pessoa. Fomos para a carroça e a viagem de duração longa começou. O silêncio se fez presente em todos os momentos.

Eu já estava acostumado à calmaria sonora, que me agradava, mas aquela moça estava em silêncio por aflição misturada com impotência. Ela receava ao futuro desconhecido, no qual tudo poderia acontecer. Eu entendia o que ela estava passando, mas falar apenas a deixaria ainda mais preocupada porque o próprio ato de conversar é uma ação de movimento e irradia energia, além de transmitir informações demais de uma vez, o que faz o outro agitar seus pensamentos e emoções. Então mantive meu semblante sossegado. Ao longo da viagem, ela foi ficando mais sossegada e relaxada, pois sentia que nada de ruim aconteceria. Sendo assim, apenas o desconforto da tristeza dos acontecimentos mais recentes a acompanhava.

Chegamos à cidade e fomos ao mercado, com suas barracas tomadas por mercadorias. Havia uma região destinada ao comércio de escravos, pois mercadorias que andam, que podem correr ou lutar, apresentam mais periculosidade à população. Ademais, a venda de escravos era usualmente por leilão, o que exigia expor os escravos para os possíveis compradores sobre um palanque, com a finalidade de serem bem-vistos e até revistados e tocados pelos prováveis donos. Era bem tumultuado e no meio da galera que acompanhava as vendas era difícil identificar quem era quem ou as classes sociais a que pertenciam. Para esse lugar, era crucial conhecer cara a cara as pessoas, para saber com quem se estava lidando.

Passei pela região com a Goën. Como descrevi, ninguém percebera, tampouco a sua classe de escrava. Era importante que ela visse e conhecesse a nova região, para assimilar as tradições e também para compreender o que eu fazia. A melhor forma de conquistar alguém é mostrar como somos, não por palavras. Dessa forma, eu mostrava as opções que havia e o que eu escolhia fazer.

Andamos no mercado. Ela era como minha acompanhante, mas seu comportamento submisso denunciava sua servidão. Eu já tinha avisado como ela deveria se comportar, ficando um passo atrás de mim, mas andando ao meu lado, sem falar e obedecendo. Isso garantiria que ninguém falasse com ela, dirigindo-se a mim primeiro para ter permissão de se dirigir a ela. Mais uma vez, um comportamento que transmite muitas mensagens. Dessa forma, eu a protegia de pessoas mal intencionadas.

Sua beleza atraía muitas pessoas, principalmente homens. Mulheres a olhavam e os cochichos apareciam como que fossem mágica: era instantâneo. Os homens a olhavam com intenso desejo.

Numa barraca, onde parei para fazer algumas aquisições, o dono a olhou como se fosse um lobo faminto vendo uma presa incapaz de fugir e disse:

— Que beleza que você arrumou! Se eu tivesse uma dessa já estaria carregando filho meu!

— Sim, ela é perfeita – falei, com ar de superioridade e como se ela fosse uma presa ou objeto de desejo –, mas não está à venda – concluí, com tom de brincadeira, descontraído, mas exigindo respeito.

— Quanto você quer? $ 200 000? – propôs o mercador.

Este era um preço bem alto para um escravo. O mais comum era rondar os $50 000. Mas a beleza dela valia aquela quantia.

Percebi o olhar dela, dizendo que estava com medo de ser vendida, estuprada, perder a família e assimilando o valor que possuía.

— Oferta generosa, meu caro – falei como irmão negociante –, mas por enquanto não está à venda. Não se preocupe, se eu mudar de ideia você será o primeiro a saber – e pisquei para ele, demonstrando confiança naquele diálogo.

Ela carregava as mercadorias que eu comprava. Seu comportamento, tal como havia orientado, indicava ser uma escrava obediente. Sua juventude e beleza atraíam olhos de todos na rua. Ela logo notou que ninguém a tocava porque tinha dono, uma espécie de protetor. Apesar da situação de escrava, começou a pensar que fora sorte eu tê-las encontrado primeiro, do que outros bárbaros que tinham invadido sua aldeia, que provavelmente estavam naquele mesmo mercado.

Goën tinha aprendido um pouco da arte de observar os outros com a sua mãe. Ela utilizava bastante isso em seu vilarejo, para saber em quem confiar, quem poderia oferecer alguma vantagem ou negócio e entender as intensões dos outros.

Ao longo das compras ela foi relaxando, sentindo-se protegida de alguma forma. Isso lhe deu confiança o suficiente para observar mais as pessoas e o lugar onde estava, permitindo colher muitos dados da região. Ela vira escravos, suas condutas, senhores, negociantes, mercadores de escravos... Cada tipo de pessoa apresentava uma forma específica de agir. Essa era forma como se identificava quem era quem, quem tinha poder, com o que trabalhava, se era de confiança ou não. Todavia, era o primeiro dia dela na cidade, deixando-a insegura sobre si e o que fazer.

Fomos para a carroça com as mercadorias e nos ajeitamos para a volta. Ela estava relaxada e já até suspirava, exteriorizando a sua tranquilidade interior. Tudo tinha ido muito bem, estava inteira, não fora maltratada nem vendida. Naquele momento, não havia nada melhor no mundo do que a garantia de voltar para um lugar que sabia ter alguma segurança e poder ver a única coisa que lhe restado: sua família.

Chegamos em casa e as meninas ficaram contentes com a volta de Goën, que ficou calada. A mãe e as irmãs estavam apreensivas e queriam alguma informação que lhes acalmasse o coração. A expressão de Goën era tranquila, mas fechada, guardando para si, o que mantinha a aflição de sua família. Sílvia logo se dispersou ao constatar que não conseguiria ouvir a irmã falar. Ela foi para a horta e cuidar de seus afazeres.

Ríqta ainda implorou com os olhos para que a irmã falasse algo, mas em pouco tempo cedeu e se rendeu, deixando-a e se dirigindo às suas tarefas.

Qsandra não aceitava não saber. A filha era a única que tinha informações sobre aquele mundo e não aceitaria não pegá-las. Levou a filha para o canto, convidando-a fazer alguns serviços manuais sem muita atenção através de gestos, como dar-lhe as louças para lavar enquanto ela mesma não fazia nada, apenas ficava ao lado, ouvindo e prestando atenção.

Essa mulher era realmente muito inteligente. Ela sabia que distrair alguém com atividades que não requerem foco, ou seja, que são automáticas, era a chave para fazê-las falar sem filtro, sem guardar nada para si. É como se as palavras saíssem pela boca da pessoa e a própria nem se desse conta.

Eu sabia como jogar essa forma de viver e nada fugia da minha atenção.

Goën começou a falar, sem restrição. Contou tudo: o que vira, como se sentira e como estava tranquila. Palavras perigosas saíram de sua boca, como: "Ele não é tão mau" ou "Ele não deixou nada me acontecer". Para Qsandra eram palavras amaldiçoadas, já que iam de encontro às suas crenças de que a culpa de tudo de ruim na vida dela era minha. Ouvir a filha proteger ou elogiar aquele que era maldito em sua concepção era demais para ela. Então, ela virou as costas e abandonou a filha com a tarefa e foi fazer outra coisa.

Eu notei a sua frustração por não ter a filha do seu lado. Agora, eu era ainda pior no seu ponto de vista, pois estava manipulando a sua filha contra a própria mãe e ela sentia perder o poder, já que em sua interpretação emocional, estava brigando comigo e apenas um venceria a luta. Eu sabia que isso não a faria conquistar o que desejava, mas ela não alteraria a maneira de analisar a situação ou de pensar.

Em seu interior, o desejo era desenvolver alguma forma de me dominar e tomar para si o que era meu, como a casa em que passaram a morar. Eu sabia que o que eu tinha a meu favor era mostrar coisas boas para as quatro, apesar de a situação ser negativa, e que a própria Qsandra acabaria com a sua própria imagem de perfeita e santa, tão duramente conquistada.

Não há como mantermos uma imagem que não reflete quem somos, por isso o próprio tempo se encarrega de mostrar quem somos, permitindo que, quem queira, veja as nossas atitudes e decisões e as confronte com as nossas palavras.

– IMPONDO AS REGRAS –

Alguns dias depois, chamei a mãe. Ela me seguiu, eu tirei a roupa e deitei na cama. Ela entendeu o que aconteceria e com olhar pediu para as filhas irem para fora da casa, para não ver a degradação em seu mais intenso grau. Eu percebi isso, mas desconsiderei. Estava firme nas minhas convicções e sabia que argumentar com essa mulher é perda de tempo, uma vez que não está disposta a analisar nada de forma diferente ou mudar de opinião. Qsandra descobriria que tipo de homem eu era, assim como as suas filhas o fariam.

— Massageie meu corpo. Estou dolorido – falei sério e direto. Eu não perdia tempo com ela, falando manso ou usando de sutileza. De formar geral, eu era bem direto com as minhas escravas, para mostrar a dominação, a minha segurança e a certeza no que queria.

Qsandra ficou apreensiva. Para ela, estava sendo como a noite de núpcias de seu casamento, quando a mulher obedece mecanicamente ou fica como uma estátua, esperando o homem fazer o que quiser, já que era direito dele adquirido pelo contrato de casamento.

Ela massageou todo o meu corpo na parte posterior e depois eu me virei. Ela estava com medo, mas submissa, então, parou apreensiva com o momento tão humilhante.

— Qual o problema? Acha que só a parte de trás dói?– falei ríspido.

Então ela entendeu que era para massagear também toda a minha frente e foi acariciando meu corpo com força, expressando a sua repugnância perante a situação. Usando a força, motivada por seu orgulho, que não podia se expressar, ela me relaxava. Ela fazia a contragosto e desejando me machucar, mas ela fazia exatamente o oposto: relaxava meus músculos. Quanto mais força, mais eu relaxava, e isso a deixava ainda mais irritada, o que a estimulava a aplicar mais força. Assim, resultava na minha descontração corporal e na ira dela, aumentando a sua revolta por não conseguir o resultado que buscava, que era de me machucar. Dessa forma, ela mesma produzia as circunstâncias que tanto a incomodava. A cada parte do meu corpo pelo qual suas mãos passavam, mais tensa Qsandra ficava. Na mente dela, o sexo seria depois da massagem e não tinha escapatória, tal como no casamento.

No casamento havia uma circunstância que abrandava a sensação de ser um objeto: o status social, que lhe conferia algum grau de reconhecimento na sociedade. Apesar de ser tida como um produto dentro de casa, perante o marido, era tratada com cordialidade e superioridade perante os demais indivíduos da região onde morava, o que lhe conferia prazer e amenizava a sua dor, dando-lhe energia para suportar aqueles momentos aterrorizantes de deixar de ser uma pessoa com sentimentos, desejos, necessidades e carências.

Quando acabou de me relaxar, eu me levantei e comecei a me vestir. Ela me olhou submissa, parecendo esperar alguma ordem ou que eu a mandasse ficar em alguma posição ou tirar a roupa. Como apenas colocava minhas roupas de volta, Qsandra ficou procurando uma resposta, já que não entendia o que se passava. Ela estava tão convicta de que seria usada, que sua função era praticamente para servir para a minha satisfação sexual, que não compreendeu o que estava acontecendo. Então olhei para ela e expliquei:

— Não gosto de sexo forçado. É chato, cansativo, não é bom e, por isso, não vale a pena. Não é bom e dá muito trabalho. Mas, às vezes, tenho necessidade, e nessa hora é que você vai entrar. – falei sério.

Saí da região de dormir. Ela ficou aliviada, embora frustrada e confusa. Uma alegria inexplicável invadiu seu coração e ela começou a me olhar diferente, tentando entender quem eu era realmente.

Aquela mulher trazia tanta bagagem cultural que não tinha mais capacidade de entender o que lhe era diferente. Em sua mente, ela seria útil como a esposa que um dia fora, mas sem o título de esposa. Ela ficou aliviada e alegre por não passar por aquele momento tão terrível do qual tinha aprendido a sobreviver. Porém ficou decepcionada consigo, por eu não a desejar. Como ela estava habituada a conseguir manipular o marido usando o sexo, a fórmula que ela tinha para alcançar o que ambicionava era ineficaz em sua nova forma de viver.

Qsandra não gostava do sexo, provavelmente por não ter sido bem tratada. Para ela, sexo era algo natural num casamento e, portanto, não teria opção de renunciá-lo. Ela costumava usar de bebidas ou algumas ervas, que a fazia ficar mais extrovertida e relaxada para aceitar fazer sexo com o marido. Como ela não tinha nenhum afeto pelo marido, e até sentia repulsa dele, ela sentia muita necessidade de não estar no corpo durante aquele momento de tamanho infortúnio.

Contudo, com o tempo, as ervas e bebidas já não faziam o efeito desejável, fazendo-a encarar a situação. Para a sua alegria, seu marido já não a procurava mais, o que aliviou um pouco a dor de seu destino. Entretanto ainda havia momentos em que o marido a desejava. Foi, então, quando ela teve de buscar forças em si mesma para sobreviver àquelas experiências, que a acompanhariam enquanto vivesse, como bem sabia.

Sem chás ou vinhos, agarrou-se à sensação de poder. Saber que tinha como conseguir arrancar o que quisesse do marido se lhe agradasse na cama rendia-lhe festas, objetos, vestidos, sapatos... Tudo usado para provocar inveja nas outras senhoras da alta sociedade em que vivia. Assim, ela passou a se entreter com o resultado do sexo, fazendo a sua forma de viver, que era a sua influência social, seu objetivo de viver. O sexo era uma ferramenta da qual não gostava, mas rendia bons resultados.

Qsandra ficou receosa com a situação, pois percebia que o seu poder de controlar as pessoas ao seu redor já não lhe acompanhava, provocando-lhe insegurança, por não conseguir garantir que aqueles com que se relacionava cuidassem de seus interesses. Por outro lado, ela ficou me admirando, visto que eu fora a primeira pessoa a respeitá-la, mesmo que ela fosse escrava agora. Pensamentos e perguntas começaram a passear em sua mente, mas não tinham respostas: que tipo de homem é esse? Ele não me quer? Não me deseja? Estou tão velha? Mas ele também não quer as minhas filhas... O que ele quer? Não gosta de sexo forçado? O que é sexo forçado? Sexo é sexo... O que é forçar sexo? Uma massagem basta? - Esses questionamentos começaram a fazer a sua mente desconfiar de tudo, principalmente de mim por não enxergar sentido em minhas condutas.

As semanas foram passando e a moça mais velha já sabia como se comportar, sendo ótima exemplar. Acompanhava-me à cidade, comportava-se como uma dama, como aprendera na tribo dela, o que muito ajudava.

Goën era quem mais me acompanhava à cidade. Homens a cobiçavam e notei que ela flertava com um. Percebi seus olhares se cruzando e o comportamento da moça perante o sujeito e quando estava longe dele.

Ela ficava rosada e encantada com ele e, em casa, parecia aérea, além de ter disposição e boa vontade para fazer suas tarefas. De repente, aquela vida que lhe era desagradável passou a ser bela e agradável, como se seus afazeres fossem interessantes ou prazerosos. Eu nunca tinha me apaixonado, mas sabia sobre o comportamento de quem passava por isso, incluindo as estúpidas escolhas e a predominância da burrice. Portanto resolvi explicar a situação na qual estava envolvida.

Num dia, ao chegar à casa depois de voltarmos da cidade, levei-a para perto do lago, um pouco distante da casa, para que pudéssemos falar sem a fofoqueira da mãe ou opiniões das irmãs. Aquela pessoa já tinha 18 anos, já era adulta o suficiente para ouvir por si só e tomar suas decisões sem o controle da mãe:

— Seja direta e honesta comigo. Não tem motivo para esconder nada de mim. O rapaz que você gostou não presta. Esqueça-o.

— Sim, senhor – falou timidamente, desviando o olhar e olhando para o chão, demonstrando descontentamento e desafiando-me, como se mostrasse que investiria no relacionamento com o tal homem escondida de mim.

Percebi em seu olhar que ela não aceitava o que eu dizia, mesmo que seu comportamento no momento acatasse a ordem dada.

— Não adianta você falar "Sim, senhor", apenas. Sei que fará o que lhe for possível para ficar com ele.

Nesse momento, ela me olhou surpresa, pois percebeu que não conseguia esconder nada de mim.

Eu percebia bastante os olhares e cochichos. Sabia o que cada ação significava e entendia o que os outros pensavam por observar suas ações. Assim eu viva: dando o que queriam, mas mantendo a minha crença.

— Esse rapaz tem 15 anos e já perdeu cinco esposas. Não vou deixar você ser a sexta!

Ela se espantou com o tom sério e firme com que expressei minha preocupação e a minha posição quanto a impedir que ela fosse prejudicada. Perguntas invadiram a sua cabeça: como aquele homem sabia tanto? Estava tão claro que ela estava apaixonada? Por que ele se preocupava tanto se o rapaz por quem ela estava apaixonada não era bom para ela?

Ao mesmo tempo, ficou curiosa com as minhas palavras, então tomou coragem para seguir uma das novas regras: a de ser direta. Para ela, perguntar diretamente ou simplesmente falar com um homem questionando-o em vez de acatar aos desejos e caprichos dele era algo inédito, já que sua mãe a criara para agir conforme a genitora. Então Goën respirou fundo, fechou ou olhos e falou:

— Posso lhe perguntar? – falou recatada.

— Sim. Sempre pode perguntar – falei sério e direto.

Parecia até que eu falara ríspido para aquela pessoa acostumada a meias verdades, falsidades e verdades amenizadas, mas era simplesmente a minha maneira de ser. Eu não gostava de vínculos fortes ou intimidade. Eu me mantinha distante emocionalmente para evitar complicações desnecessárias a meu ver.

— É possível uma escrava se casar?

— Sim – falei tranquilamente, como se fosse algo comum e sem importância para mim.

— E... É possível se casar com um senhor? – falou, gaguejando um pouco, com medo de seu pensamento ser inovador demais a ponto de ser ridicularizada.

— Sim. Se alguém quiser se casar com você, pode lhe comprar, dar-lhe a liberdade e casar com você – respondi.

Ela ficou radiante. Percebeu que havia chance de deixar de ser escrava e poderia até ser uma senhora um dia! Era tudo o que ela queria. Foi para isso, para casar e ser uma senhora "respeitada" na sociedade que ela fora criada até então.

– NOVA ALDEIA –

Naquele povoado não havia muitas regras sociais. Escravos podiam ser libertos, casar e serem senhores. Senhores poderiam ser dominados e virar escravos. Praticamente tudo era possível. A regra era a do mais forte ou a do mais inteligente para articular a seu favor. Eram os dois sistemas que funcionavam: força ou influências sociais.

Quem tinha pressa em crescer na sociedade, almejando um posto de referência ou grande prestígio social, usava da força que vinha com a juventude. Estes indivíduos conseguiam conquistar posições consideradas importantes quando ainda eram novos, porém, duravam pouco tempo, já que jovens sempre surgiam e também competiam por tais posições sociais. Dessa maneira, os mais velhos e mais fracos eram sempre substituídos pelos mais jovens e fortes, mantendo uma dinâmica constante.

Muitos de grande prestígio caíam em queda livre na escala social quando usava da sua força para uma rápida ascensão, já que essa os abandonava à medida que os anos passavam, e que costumava ser acompanhado de uma arrogância crescente, advinda da confiança de seu status. Comumente, quando eram vencidos e perdiam seus cargos de prestígio, viravam mendigos, escravos ou iam ser empregados de regiões mais no interior, onde se vivia da terra.

Quem desejava uma vida mais longa e mais anônima, em relação à popularidade social, tentava o sistema de influência. Na verdade, poucos tinham sucesso usando esse método, já que requeria muita perspicácia, um cuidado permanente e sutileza de extrema importância para manter o equilíbrio com todos com quem se relacionava. Contudo quem tinha tal dom o usava, visto que era muito promissor.

Esse sistema era mais comum entre as mulheres, por possuírem mais atenção aos detalhes e menos força em relação aos homens, já que era mais fácil perder uma luta.

As pessoas mais velhas da cidade chegavam a tais idades graças a essa forma de viver. Como evitavam conflitos de todas as formas e cultivavam bons relacionamentos e amizades, viviam mais e melhor. De forma geral, eram anônimas em relação ao poder na sociedade, visto que não eram admiradas como os grandes chefes ou líderes, mas eram sempre lembradas com carinho por quem as conheciam.

Enquanto chefes chegavam aos 40 anos, 50 anos, se muito, essas pessoas "anônimas" socialmente chegavam aos 70, trabalhando e produzindo. Eram populares no sentido de serem conhecidas por muita gente, mas não por viverem em lutas, brigas ou disputas, que eram as formas mais comuns de entretenimento e de chamar atenção do público.

Era importante que eu mostrasse as minhas escravas na cidade, pois era uma maneira de mostrar meus produtos e a ordem que tinha na minha vida, o que me rendia boas negociações. Ademais, elas me ajudavam carregando os objetos de transações comerciais e mercadorias para venda e troca, além de uma companhia que ficava cada vez mais agradável conforme o tempo passava. Portanto eu revezava as escravas quando ia à cidade. A prioridade era a moça mais velha, seguida da segunda mais velha.

Qsandra quase não saía para a cidade. Eu sabia que ela era ótima para desenvolver situações desagradáveis e embaraçosas, como fofocas contra mim, o que me fazia evitar levá-la. Todavia às vezes era oportuno levá-la, já que eram momentos preciosos para mostrar a minha dominação e controle sobre as filhas. O relacionamento com aquela mulher era de pura falsidade. Eu era direto e certeiro no assunto, mas ela sempre desconfiava e acreditava ser falsidade e mentiras que saíam das bocas alheias, tal como ela fazia.

Já na primeira vez em que a levei, ela começou a notar que, de alguma forma, eu protegia as suas filhas. Quanto mais percebia o que poderia ser feito com elas e o que eu de fato fazia, mais gratificada ficava por mim. Eu era como um bárbaro protetor de bárbaros muito piores.

Na primeira vez em que fomos, um dos homens do mercado perguntou sobre a escrava linda que eu tinha, mostrando grande interesse em adquiri-la e rebaixando-a, ou seja, tratando-a como menos que uma pessoa, que era a posição em que ela estava: a de escrava.

— Cadê aquela belezinha que você tem? Não a trouxe? Ela faria a festa dos meus homens. Tenho 20 subalternos que trabalham muito e precisam de entretenimento. Essa belezura que você tem pode cuidar disso para mim. Já pensou sobre a minha oferta? – o homem falou de forma meio galanteadora, típica de quem usa charme e ego para conquistar a simpatia alheia, tentando mostrar segurança e confiança.

— Ela não está à venda, como eu já disse. Mas não se preocupe, quando eu resolver vendê-la, com certeza falarei com você primeiro para tentarmos fechar um acordo – falei, num tom próprio de quem sabe negociar, mas que não cede.

Nesse momento ela percebeu como a filha dela estava sendo bem cuidada. Eu era um homem forte, bonito, limpo, já entrando na casa dos 30 anos. Aqueles homens eram feitos, velhos, sujos, nojentos e muitos!

Qsandra sentia alívio de certa forma, mas mais humilhada por depender de alguém, ou seja, dela própria não conseguir gerar a segurança para suas filhas. Além disso, ela queria manter a ideia de que eu era o culpado pela desgraça da vida de sua família e o meu comportamento não revelava isso, causando um mal estar por ela sentir que perdia a briga para manter esse ponto de vista. Orgulhosa como era, não cederia e faria todo o possível para provar que a sua visão era a certa.

Eu a levava à cidade com uma determinada frequência, pois isso ajudava a impor o seu lugar naquela sociedade da qual fazia parte, além de que eu usava tais ocasiões para que ela visse as opções de vida que ela tinha condição de ter naquele novo lugar chamado de lar. Ao ver as situações degradantes, sujas, asquerosas e repulsivas às quais escravos eram submetidos, ela valorizava mais o que tinha e sentia alívio por ter suas meninas protegidas daqueles bárbaros brutos. Contudo, ao sair daquele lugar de rebaixamento perante tantas pessoas, rapidamente se esquecia dessas revelações, voltando a pensar em vingança e em como era injusta e humilhante a sua vida.

Às vezes, eu levava a irmã do meio para me acompanhar à cidade. Assim eu tinha companhia, mostrava minhas escravas e as ensinava como as pessoas agiam. Ela aprendeu mais rápido: em pouco tempo percebeu como eu agia com hipocrisia no mercado, assim como os demais clientes, mas essa hipocrisia era uma ferramenta para cuidar daqueles que eu julgava não saberem cuidar de si. Eu demonstrava poder, controle e orgulho com os negociantes, mas em casa eu era pacato e respeitador, tendo total consciência do que falava e fazia porque sabia que a minha reputação e confiança eram as chaves dos negócios que nos mantinham.

– SEXO –

Eu não era uma pessoa que curtia tanto os prazeres sexuais, usando mais da minha autonomia e meus conhecimentos como fonte de prazer em minha vida.

Contudo, eu era humano e às vezes tinha necessidade, algo mais para a fisiologia do que por desejo por alguém ou por relacionamento.

Nesses momentos, eu costumava buscar uma prostituta para resolver o problema de forma simples, rápida e direta. Sei que eu era um dos clientes mais incomuns exatamente por conta disso. Era quem não buscava por carinho, atenção ou vontade de ser admirado. A única coisa que eu buscava era reduzir o tesão para voltar a me concentrar nas coisas da vida. Contudo eu tinha uma vaga noção da vida dessas moças e como se sentiam por ter de fazer algo que não desejavam na maioria das vezes. Embora eu não tivesse muita empatia, eu tentava, ao menos, não humilhá-las nem machucá-las.

Em casa, Qsandra me servia sexualmente, às vezes. Eu preferia as prostitutas por ser mais cômodo emocionalmente, já que lidar com um estranho é mais fácil do que alguém que tenhamos um relacionamento mais duradouro, mas a cidade ficava longe e Qsandra estava logo ali, à minha disposição.

Ela não era feia, era normal, assim como tantas outras. Eu tentava demonstrar algum desejo humano para com Qsandra, sem ser muito animalesco, tentando fazer com que não fosse algo traumatizante para ela, visando reinar a paz possível dentro do lar.

Para mim era importante demonstrar desejo e respeito por ela ao mesmo tempo nesses momentos de constrangimento, porquanto eu visava ao bom relacionamento e ela percebia tudo isso. Eu sabia que gerando bons momentos eu ficaria mais tranquilo por não ser responsável por traumas alheios e não aumentaria o peso que Qsandra carregava da vida. Além disso, ela sentia um pouco de delicadeza, o que fazia com que não criasse tanta mágoa a mais dentro de si mesma.

Eu conseguia compreender a carga emocional pesada que Qsandra carregava. Eu tentava ser um pouco carinhoso e buscava formas de ser bom para ela também. Só não ser incômodo não era satisfatório para mim, pois eu sabia que era responsável não só pelo bem-estar físico daquelas pessoas, mas emocional também. Logo, era meu dever tratar todas com respeito, inclusive Qsandra, mesmo que ela não reconhecesse ou se incomodasse com isso. Eu não queria gerar mais distúrbios em seus corações e mentes, razão pelo qual eu buscava formas para fazer da relação sexual prazerosa para ela, sempre em busca da tranquilidade dentro de casa. Ela já não parecia uma morta na cama e eu notei os seus esforços para me agradar e relaxar com o passar do tempo, resultado da alteração de sua interpretação dos fatos.

Qsandra também já tinha passado da idade de ter filhos, o que era uma boa escolha para mim, já que eu não queria ter filhos nem cuidar de alguém grávida, visto que há muitas alterações no corpo, na produtividade da pessoa nessa situação, necessidade de cuidados e a preocupação com o parto, que era um momento de muita aflição.

O parto era um instante da vida em que tudo podia acontecer e mudar. Muitas mulheres tinham complicações e às vezes até morriam. Havia o pós-parto, em que a mulher tinha que ficar de repouso e era cuidada por outras mulheres.

Além de haver o bebê, que significava mais cuidados e gastos. Os bebês requisitavam muita atenção e mantimentos e a maioria não sobrevivia. Sendo assim, muito esforço era empregado para algo que não renderia por muito tempo.

A vida sexual com Qsandra passou a ser algo até divertido, sem peso de obrigação, mas algo legal de se fazer e ela mesma passou a usufruir, inclusive tomando a iniciativa com provocações ou me procurando no leito.

Eu sabia da importância do sexo nas vidas das pessoas. O sexo pode ser algo maravilhoso, bom e divertido, mas também traumatizante e até usado como castigo, impondo dor. Havia várias formas de sexo, cada uma resultando em sensações e satisfações diferentes.

Quando um indivíduo fazia sexo com quem amava, era um momento de êxtase. O casal usufruía do prazer juntamente, gerando, provocando e satisfazendo o outro e a si mesmo. O prazer físico, emocional e a promoção de prazer no outro criavam uma atmosfera harmônica e energizante. O resultado era uma ligação muito forte e positiva entre as pessoas envolvidas.

Dava para notar os pares que tinham relacionamento bom, promissor e consolidado, pois era comum se tratarem bem e às outras pessoas também. Os olhares e carícias, mesmo que sutis, mostravam o entrosamento e o forte laço que tinham e nutriam.

Eram poucos casais assim, mas essas pessoas costumavam ser as mais pacatas, tranquilas e felizes, como se vivessem um sonho. Parecia que a harmonia os englobava permanentemente e que exalavam um bom clima, como se os problemas se resolvessem ou diminuíssem de intensidade, fazendo-os serem pessoas de agradabilíssimas companhias.

Quando o sexo era usado por diversão, sem conexão emocional profunda com a outra pessoa, era bom. Costumava ser algo intenso, com satisfação, principalmente do ego. Fisicamente, o sexo com amor era muito mais intenso, satisfatório e prazeroso, promovendo bem-estar e bom humor por mais tempo. Já o feito visando ao próprio prazer físico não era tão bom.

As pessoas costumavam sentir vários prazeres, que se somavam e elas identificavam como o prazer sexual. Na verdade, havia o prazer de seduzir o outro, de se sentir desejado, a euforia da novidade por ser com alguém diferente, o poder de manipular o outro... tudo ao mesmo tempo. Sexo assim satisfazia mais ao ego do que à alma.

As pessoas que usufruíam do sexo dessa maneira buscavam parceiros diferentes, visto que, para manter a mesma saciedade, era necessário ter a mesma euforia, a qual era proporcionada por algo novo e diferente. Além disso, a duração do bem-estar era mais curta, levando as pessoas a buscarem o sexo com desconhecidos numa frequência mais alta.

O sexo como alívio do estresse costumava estar associado com a negligência da outra parte envolvida. Quem buscava o sexo como entretenimento, para reduzir o estresse da vida, como um escape, não se importava muito com o outro. Seu objetivo era direto: seu prazer. Neste caso, o mais habitual eram homens se aliviarem com as mulheres que aceitavam as suas condições, seja por serem escravas ou por eles pagarem pelo serviço que eles desejavam.

Quando havia a negociação, que muitas mulheres aceitavam, havia regras. Unido ao prazer de seus corpos, havia o prazer de saciar seu ego, ao ficar numa posição superior por pagar pelo serviço, podendo ordenar algumas coisas.

No caso em que se usavam escravas, o sexo era mais violento, já que as regras eram as que o dono estabelecia. No momento em que uma escrava não era vista como pessoa, mas como um bem, a regra era a de seu dono.

O dono podia usar suas escravas, emprestar e alugar. Quando era emprestada ou alugada, a escrava tinha de ser cuidada para que a devolução fosse adequada, sem "quebra do produto", isto é, a mercadoria deveria ser devolvida em condições similares àquelas de quando fora emprestada ou alugada. Se isso não fosse cumprido, haveria de ser feito um reembolso por danos e prejuízos, como forma de indenização, ou até mesmo pagamento de uma escrava nova. Nessas situações, os sentimentos dessas mulheres, que eram vistas com desejo e sem empatia, eram desconsiderados, como se não existissem.

Consequentemente, restava a essas pessoas guardarem para si suas emoções e pensamentos e sobreviver às situações às quais eram expostas. Não era aceitável ouvir reclamações de escravos. Os senhores consideravam um desacato um escravo se queixar, o que lhes dava consentimento para aplicar castigos, a fim de recolocá-lo em seu devido lugar, além de mostrar que a vida pode ser ainda mais difícil se escolher ficar se lamentando.

Existia também o sexo como arma ou castigo. Quando escravos e escravas não faziam tudo o que lhes competia, segundo a visão de seus senhores, o sexo entrava na vida deles como forma de punição. Havia punição direta, que era a própria pessoa ser usada de forma brutal, com o intuito de ferir e, assim, mostrar a dominância, e a indireta, quando se usava o sexo para machucar alguém determinado.

No primeiro caso, o objetivo do sexo não era o prazer, motivo pelo qual aquele que aplicava o castigo, que habitualmente era o senhor, não sentia nenhuma forma de satisfação física, mas somente a moral, de impor a sua dominância e força.

Já no segundo caso, um escravo teria de assistir à sua irmã ou filha ou alguém por quem sentisse afeto, servindo ao seu senhor, como uma mãe assistir às suas filhas sendo empregadas em entretenimento traumatizante, por exemplo.

Quando o sexo era usado como violência, as vítimas padeciam fisicamente, levando dias e até semanas para se recuperarem da agressão. Apesar disso, parte delas jamais se curava em um local: seus corações.

A humilhação, a inferiorização, a vulnerabilidade e o desamparo eram levados até o último dia de suas vidas, o que as fazia carregar dores imensas dentro de si. Isso tudo contribuía muito para mudar o jeito de uma pessoa. Algumas não resistiam a tamanho vexame e resolviam fugir ou até mesmo tirar suas vidas, numa última tentativa de se libertarem dessa dor sem tratamento. Outras tantas ficavam ainda mais obedientes, por medo de serem castigadas de forma ainda mais forte ou permanente.

Tudo isso é possível de identificar pelo comportamento, principalmente pelo olhar. Aqueles que têm um olhar morto, sem brilho, com certeza já passaram por situações de extrema agonia e já não têm esperança de dias melhores na vida. Infelizmente, era relativamente comum, isto é, não era raro escravos viverem dessa forma. Conhecendo a forma de viver do senhor, dava-se para inferir as condições de seus servos.

Eu não tinha como interferir no tratamento entre senhores e serventes, visto que isso custaria a minha reputação e, então, meus negócios e vida. O que eu podia fazer e fazia era tratar com alguma cordialidade e empatia as pessoas que haviam passado por tais circunstâncias. Normalmente, espantavam-se e ficavam receosas, desconfiando da minha aparente benevolência, haja vista que não estavam habituadas a serem tratadas com algum tipo de respeito. Entretanto, após me conhecerem e saberem de mim pelos cochichos da cidade, desarmavam-se e aceitavam as minhas ofertas de carinho por meio de pequenos elogios, palavras e gestos sutis.

Por conta disso eu era uma pessoa carismática, que cativava quem me rodeasse, motivo pelo qual eu alegrava a cidade com a minha presença. Às vezes, parecia que eu era a atração do lugar e que distribuía afeto. Praticamente todos gostavam da minha companhia. Apenas os muito gananciosos me ignoravam e os invejosos se incomodavam com a minha existência, por não terem toda atenção que eu tinha.

– PRIMEIRA PERDA –

As semanas foram passando e se transformando em meses. Uma nova cruzada, viagem feita para saquear outras cidades ou aldeias, estava sendo preparada. O planejamento durava bastante tempo, pois era necessário contabilizar as riquezas que a cidade possuía, o que precisava adquirir, onde e por onde o barco iria, produzir os mantimentos de ida, negociar os investimentos que os ricos fariam na expedição, além de preparar os próprios cidadãos para a saída dos indivíduos mais fortes. Como a cidade ficava desprovida de guerreiros, era necessário prepará-la de outra forma para combater uma possível invasão. Por tudo isso as expedições costumavam ter uma frequência baixa.

Os meses seguintes eram de preparação: armadura, comida, utensílios etc.

Deixei bem claro as ordens para que comprássemos tudo que fosse necessário enquanto eu ficasse fora, pois não queria que ninguém fosse à cidade sem a minha presença. Como eu ficaria ausente por cerca de um mês, era necessário preparar tudo e guardar o que seria necessário nesse período, estocando em casa.

As minhas escravas já estavam adaptadas à nova vida e eu tinha confiança de que não fugiriam. Elas sabiam que ali era a melhor opção que tinham, que eu não as procuraria se fugissem, já que eu vivia bem sem elas. E elas sabiam do perigo de saírem pela cidade sem o dono para cuidar do que é seu.

Goën estava na minha cabeça. Embora eu já tivesse avisado sobre o rapaz por quem estava fascinada, eu sentia que ela tentaria algo para ficar com ele. Eu não tinha como prendê-la, pois sua mãe daria um jeito de soltá-la. Ademais, prendê-la não resolveria. Ao soltá-la, ela faria exatamente o que já estava planejando. Sendo assim, enclausurá-la de alguma forma só adiaria seus planos.

Eu não sabia o que ela planejava, mas sabia que, apesar de ter falado que não iria atrás daquele rapaz, ela iria. Inclusive, sentia a investida da mãe, participando do plano que era desconhecido para mim. Parecia que a mãe implantava a ideia de que eu não queria o casamento de Goën para mantê-la como minha escrava, atiçando rebeldia na moça contra mim e ainda mais vontade de ir atrás do garoto.

Como não havia o que mais eu pudesse fazer, dentro da minha ótica, fui para o barco, e tudo estava pronto. Zarpei com meus companheiros de viagem, rumo a mais aventuras e riquezas, minha fonte de renda.

A menina mais velha não acreditou nas minhas palavras. Sob o efeito de sua mãe, ela foi procurar o rapaz pelo qual guardara sua paixão. Goën foi à cidade paquerar o dito cujo, pondo em prática o que aprendera com sua mãe na arte de sedução e manipulação.

Ele estava caidinho por ela, respondendo às suas investidas exatamente como ela desejava, motivo pelo qual Goën estava radiante, como se estivesse para pegar a sua taça de campeã na vida. Ela conseguiu marcar um encontro com ele na floresta, mais distante de casa, para ter mais privacidade e seduzi-lo de uma forma mais eficiente e promissora, usando de jogos psicológicos mais fortes e menos sutis.

Ela se confidenciava com sua mãe, a qual estava entusiasmada com a possível chance de casamento. A mãe parecia uma adolescente sonhando acordada ou lendo um livro de romance. Ambas contavam as horas do grande encontro, que seria a grande oportunidade de fisgar aquele moço. Elas planejavam tudo: mostrar tranquilidade, apesar dos corações palpitarem sem ritmo em seus peitos, aparentar ser boa moça, mostrar aparente obediência, que era a maneira de conseguir um marido na região onde haviam morado seus primeiros anos de vida, preparar um belo vestido para encantar os olhos do rapaz... Tudo parecia muito bem e o grande momento chegou. Goën se arrumou e seguia os conselhos da mãe à risca para não perder a chance.

Então, ela se dirigiu ao local marcado para encontrá-lo. No início, tudo parecia muito bem, com o jovem mostrando interesse incontrolável pela moça.

A tática de Goën era baseada na moral social. Era necessário o rapaz sentir atração incontrolável, porém temer agir de forma impulsiva e se controlar para manter a sua boa reputação. Para tanto, era necessário conhecê-lo minimamente que fosse, algo que acontecia na antiga tribo através de sua mãe que conhecia todos.

Goën apostou alto, agindo como era comum na sociedade onde crescera, mas numa cultura nova. Se em sua sociedade o ato de se encontrar a sós com um rapaz era visto como ingenuidade e graça, ali era visto como se ela quisesse somente sexo sem compromisso, interpretação que o rapaz teve.

O interesse dele passou a se manifestar de forma mais agressiva em poucos minutos, indo para cima dela, tentando beijá-la e tocá-la, antes que ela conseguisse usar de suas táticas para enfeitiçar o moço. Goën começou a ficar desconfortável e se sentia insegura. Tentava mostrar tranquilidade para demonstrar segurança e controle sobre a situação e não ser vista como vítima, técnica que diminui a dominância do outro, mas olhava aos arredores discretamente, contemplando apenas plantas e ruídos da mata, sem sinal de qualquer outra pessoa que pudesse interferir naquela situação e resgatá-la daquele inconveniente que estava apenas piorando.

Quanto mais o rapaz se atrevia a se aproximar dela, mostrando desrespeito ao seu espaço, mais ela fugia, reagindo à linguagem corporal dele. No início, era mais sutil, tanto a aproximação dele quanto a fuga dela. Mas ele começou a ser mais descarado, fazendo-a não conseguir segurar o seu medo. Agora já estava claro em seus olhos amedrontados que buscavam uma saída da situação.

Ele aproveitava essa reação dela para atacá-la ainda mais por meio de palavras e gestos. Quanto mais ele se impunha como dominante, mais ela reagia como dominada e mais submissa ficava. Se antes eles falavam sobre a beleza da natureza e como Goën era linda com um metro de distância um do outro, agora ele já falava sobre a sua beleza com desejos e de forma agressiva, enquanto tocava em seus braços, mãos e colocava os braços ao seu redor.

No início ele demonstrava ser um galanteador, fingindo ser uma boa pessoa, desejado pelas moças. Porém, no momento em que eles ficaram sem plateia para reprimir o comportamento dele, ele se transformou num daqueles homens que tanto a cobiçavam no mercado. Seu linguajar já era baixo, fazendo-a se sentir uma presa.

Goën fora para o encontro imaginando que daria o bote naquele moço, mas tudo estava indo por água abaixo. De repente, tudo estava exatamente o contrário! Ele é quem estava dominando a situação e ela não tinha como fugir ou pedir ajuda. Ela havia escolhido o lugar do encontro, julgando que, se ficassem a sós, ela poderia seduzi-lo com palavras mais ardentes e gestos mais descarados, porém, ainda dentro do comportamento de uma dama, e que ele fosse um rapaz que respeitasse os outros.

Ela o julgou sendo um bom moço, pelo que ela vira e estudara a respeito dele. Entretanto a informação sobre ele ter tido algumas esposas foi desacreditada. Em sua mente, em conjunto ao sentimento de paixão, ela conseguiria fazê-lo mudar e cair de amores por ela. Ele deixaria de olhar para outras mulheres e desejaria se casar com ela. Este era o sonho dela: seguir o que a mãe tinha mostrado como vida decente, que era casar, juntamente à sua própria vontade, a qual era a de poder ficar com um rapaz bonito.

Chegou o momento inevitável em que o rapaz a dominou com sua força. Ela pediu para ele parar, esperar, tentou sair da situação e desconversar, mas já não tinha jeito. O homem estava determinado. Na visão dele, ela era uma moça fácil e burra. Quem é que convida um homem para a floresta, onde não tem ninguém? Ela só poderia querer aquilo! Ela tentava fugir, andado para trás, em direção oposta a que ele estava, mas ele não dava brecha e ia atrás, mostrando imponente presença.

Quando ele começou a tocá-la de forma mais íntima, passando a mão pelo seu corpo, tirando-lhe o vestido, lágrimas começaram a sair dos olhos de Goën, acompanhadas de palavras, implorando piedade e gritos dizendo não. Nada foi suficiente para parar aquela pessoa, que agora estava possuída pelo desejo de transar com aquela pobre moça a qualquer custo.

Goën sentia tamanha humilhação que ultrapassava a sua própria imaginação. Jamais tinha cogitado a hipótese de passar por uma situação tão inusitada e diferente a ponto de não ter possibilidade de agir e fazer algo para mudar o rumo da situação ou impor limites. Ser humilhada e desrespeitada sem opção de revidar ou impedir o progresso de tal circunstância era algo inconcebível em sua forma de ver o mundo, mas, lá estava ela, vivendo exatamente o que não tinha previsto. Isso fez com que sua cabeça não conseguisse pensar em uma maneira de sair ou reagir ao rapaz naquele momento, aparentando uma espécie de permissão para o homem prosseguir.

Quando não sabemos o que fazer, temos a típica reação de ficar parados, como se a cabeça precisasse de tempo para achar uma solução. Quanto mais em pânico ficava, mais o rapaz a invadia emocionalmente e menos ela tinha capacidade de reagir.

Ele sentia prazer em torturar a sua vítima psicologicamente. Enquanto Goën gostava de manipular as pessoas e dominá-las dessa forma mais sutil, o rapaz gostava de dominar as pessoas através do medo e do pânico, pois isso ressaltava o seu poder e força sobre o outro. A cada gesto ofensivo, uma reação de temor da vítima era provocada, o que dava-lhe prazer. Sentir-se no controle da vítima era algo que lhe saciava o ego e o orgulho, provando a si mesmo o quão capaz era e quanto poder tinha.

Quando Goën começou a empurrá-lo e a se debater tentando se livrar dele, foi o momento auge para o rapaz, que viu a sua vítima em pleno desespero e se sentindo totalmente encurralada a ponto de tentar usar de agressões físicas para se desvencilhar da situação. Ele a derrubou no chão, o que facilitou a sua dominação. Assim, o moço conseguiu o que queria, em meio a lágrimas, choros e palavras engolidas por ela. A cada movimento daquele homem endemoniado, mil cortes de papel eram feitos em sua região íntima, como se a pele fosse esfolada e rasgada, enquanto que socos eram dados em seu ventre.

Emocionalmente, parecia que um facão entrava em seu coração e que sua vida saía de seu corpo a cada gotejo de sangue escorrido dessa ferida. Goën parecia morta, já sem forças para lutar, o que também era inútil visto a sua fraqueza em relação a ele. Ela não tinha o que fazer, além de esperar ele terminar de fazer o que queria.

Quando ele acabou, ela estava acabada: cansada, dolorida, humilhada, ensanguentada... Ele se levantou como se tivesse feito algo normal e rotineiro, assim como comer ou ir ao banheiro. Ele se vestiu, olhou para ela se gabando de seu poder e a ridicularizando com seus olhos, referindo-se a ela como se fosse um objeto sem preciosidade e burra por tê-lo convidado para aquelas circunstâncias, e foi embora calmamente, relaxado após se saciar. Ele a estuprou e a abandonou lá. Goën chorou até não ter mais forças, mas viu-se forçada a voltar para o que era sua casa, pois já anoitecia.

A caminhada foi longa, solitária, fria e sofrida. Cada passo era uma dor que seu ventre recebia, como se o estupro ainda estivesse acontecendo. Agora era hora de pedir ajuda à mãe e contar o que havia acontecido.

Chegou aos prantos, com a roupa decomposta e manchada de sangue, e sua mãe logo percebeu o que acontecera. Tentou ajudá-la, aparentemente, e a abraçou.

Seus braços acolhiam a filha, mas sua mente estava irritada por ela ter sido tão descuidada. Qsandra já vibrava com o plano, vislumbrando o pedido de casamento, sua vitória na vida, e Goën colocara tudo a perder.

Na cabeça de Qsandra, ela tinha ensinado tudo à filha para conseguir o que achava ser o objetivo de vida, mas Goën pusera tudo a perder por descuido e, agora, a família estava arruinada. Assim, ela culpava a filha pelo acontecido, pois se tivesse agido direito e manipulado corretamente, estaria com um pedido de casamento em sua vida, em vez de perder a sua virgindade, que era o que ela tinha de mais valioso para conseguir alguém para casar. Estava tudo acertado e Goën perdera tudo por falta de cuidado.

Qsandra ainda não tinha percebido os valores locais. Virgindade não significava muita coisa ali. Naquela cidade, sexo bom era muito mais valioso do que sexo com alguém sem qualquer tipo de experiência. Se a sua mente estivesse aberta para absorver novas ideias e cultura, ela poderia ter usado dos valores locais para sobressair as suas filhas.

Ela não estava penalizada com a filha, estava envergonhada da atitude de Goën e isso lhe gerava rejeição da própria filha e desapontamento. Para Qsandra, casar as filhas era o objetivo de sua vida, tendo a moeda de troca para tal a virgindade das moças. Assim, a situação parecia mostrar o seu fracasso, o que fazia se sentir humilhada. Ela também acreditava que tinha orientado bem a filha, o que tirava a sua parcela de responsabilidade sobre o acontecido, embora a ideia de ir para um local sem ninguém por perto tivesse sido dela.

O seu objetivo de vida era casar as filhas, como se fosse a sua missão. Ensiná-las a se comportar e casá-las seria o resultado de todos os seus esforços e dedicação e, caso contrário, seria a prova de sua ineficiência como mulher. O orgulho de Qsandra não aceitaria as consequências de um fracasso, o que a fez culpar unicamente Goën pelo fato ocorrido. Entretanto sentia que pessoas olhariam para ela reprovando-a, o que a fazia se sentir com vergonha e desenvolvendo um plano para encobrir tamanha desgraça. No fundo, Qsandra estava sentindo profunda humilhação oriunda da crença de saber e poder mais do que realmente sabia ou podia.

Como seu orgulho a conduzia a pensar que era perfeita, acima de reprovações ou falhas, ela não aceitaria a culpa de uma derrota tão dura e pesada como aquela, o que a fez pensar que Goën não tinha prestado atenção suficiente no rapaz para saber ser ele era alguém respeitoso ou não, provando sua burrice ou ingenuidade. A outra opção era a de Goën ter mentido para ela, afirmando que era um bom rapaz sem de fato sê-lo. Em ambas as opções, a responsável pelo fracasso do plano era de Goën, por não ter seguido fielmente as instruções da mãe, levando a essa sensação de traição que Qsandra sentia.

A irmã do meio percebeu o que houvera e começou a se questionar sobre o que queria na vida e o que poderia ter. Ela não estava mais na cultura onde estava adaptada e ali tudo era mais liberal, o que permitia mais ascensão e por mais vias. Ela tentou ajudar a irmã, dando-lhe um abraço e esquentando água para fazer compressa e amenizar a dor, além de chás. Enquanto fazia isso, olhava para sua irmã.

Ela seguira os passos que a mãe planejara e agora estava arruinada. Via a dor de seu corpo por ter sido violentada, a dor de ter sido usada como um objeto, humilhada, e o peso da responsabilidade de ter feito tudo aquilo. Ríqta sabia como sua mãe pensava, pois haviam crescido com suas imposições. Então sabia que a mãe culparia a própria Goën pela vida toda por não ter conseguido casar e por ter sido estuprada.

Ríqta começava a questionar se realmente era culpa de sua irmã. Ela seguira os passos e orientações da mãe e o resultado fora aquele. Será que seguir o aconselhamento da matriarca era realmente a melhor opção? Seria tão difícil conseguir um casamento naquela sociedade da qual faziam parte agora? Será que valeria a pena tentar e arriscar passar pelo que a sua irmã estava passando? Será que a maneira de viver que a mãe ensinava fazia sentido naquele lugar? Assim, começou a refletir sobre a sua vida, suas condições e possíveis chances de conquista naquele lugar.

Ríqta deu a bolsa de água quente para a irmã. Ajudou-a a tirar a roupa, a deitar-se e repousar.

—Vou fazer um chá para você, para aliviar a dor e para ajudar a dormir. Você precisa descansar – falou com carinho e compreensão à irmã.

Olhou para a mãe e viu um olhar de reprovação. Suspirou e voltou à cozinha, onde fervia água para fazer o chá para a pobre irmã.

A mais nova ainda era muito nova para se preocupar com isso. Culpara a própria irmã pelo ocorrido, já que ela tinha sido avisada pelo dono e porque a mãe também o fazia. Ela não sentiu pena da irmã e tentou seguir com a sua vida, como se nada tivesse acontecido.

Sílvia sentia indignação pelo que passava, já que Goën passou os dias seguintes na cama, com cara de sofrimento e dor, criando uma atmosfera ruim dentro de casa, e ela tinha de cuidar da irmã. Esses dias de dedicação à Goën a fez condená-la ainda mais, afinal, ela tinha de se desdobrar nas tarefas por causa da irresponsabilidade da irmã. Sílvia tinha um pensamento mais realístico e lógico. Por isso não entendia o que tinha acontecido direito ou as motivações emocionais que levaram tudo aquilo a ocorrer.

Ríqta cuidava da sua irmã, que permaneceu na cama por dias, pois sentia muitas dores no ventre e no corpo, que foi imobilizado com muita força, o que deixou hematomas em várias regiões do corpo. Ela era a única que estava preocupada com Goën de fato. Ela mostrava compaixão e carinho, oferecendo companhia e palavras afetuosas, tentando aliviar o seu coração, que agora carregava grande sofrimento e lástima de sua condição.

Qsandra começou a desprezar a filha, vendo-a como inferior e desmerecedora de todo o seu sacrifício. Ela fazia as tarefas da casa, evitando passar perto da filha acamada e, quando a olhava, o desprezo era claro. Sílvia estava tranquila em suas atividades fora de casa, como cuidar da horta e dos pequenos animais, quase como se nada tivesse acontecido. Ajudava um pouco a irmã, mas com certa antipatia, mostrando o seu descontentamento em acudi-la.

– EXPEDIÇÃO –

Enquanto isso, eu "conquistava" outros territórios. Acabamos com uma cidade, surrupiamos tudo de valor, como objetos. Tudo estava meio deserto, os guerreiros já estavam preparando o barco para a volta, cheio de objetos, enquanto eu fui explorar o deserto que restara.

Achei estranho, pois havia poucos corpos em meio à destruição e ao barro, que era a terra comum do lugar. Decidi explorar mais, pois que senti algo estranho em meio àquela cena.

As pessoas costumavam fugir e era frequente ter muitos mortos e feridos gravemente, que faziam sons característicos. A mata ao redor também produzia ruídos característicos de um momento após um ataque, que era uma mistura de silêncio desconfiante com barulhos típicos de ventos soprando nas árvores altas, balanço das plantas e quase nenhuma vida selvagem.

Conquanto, a selva estava inquieta, tensa, parecendo que havia um predador à espreita, preparando-se para um ataque, mantendo cuidado para não acusar a sua posição. Mas não tinha como ser um plano de ataque, pois as presas estavam em situação de penúria e não tinham como fugir, uma vez que eram os feridos sobreviventes. Além do mais, após uma aldeia ser atacada, nenhum predador explora o local, visto que também fogem durante o ataque por conta do pânico e da movimentação atípica.

Eu sabia que algo estava errado, anormal, dentro do meu conhecimento de como deveria ficar um lugar naquele instante. Então, resolvi andar um pouco mais, explorando a região, que se mesclava com o mato.

Esse lugar possuía algumas construções, mas cada vez que eu andava rumo ao interior, mais dispersas eram tais construções. Havia menos construções, mais simples e maiores, como se abrigassem alguma família grande, mas sem muita condição financeira.

Estava tudo deserto, embora eu sentisse que era observado. Avistei uma construção que parecia ser para servir alguma divindade, já que era diferente das outras em forma e tamanho. Tinha paredes mais bem-acabadas, portas e janelas feitas de madeira, mais bem trabalhadas, enquanto as casas na vila tinham as portas e janelas feitas de palha, tecido ou peles.

Ela estava praticamente intacta, que foi uma das coisas que me chamou atenção. Enquanto as moradias tinham sido destruídas por terem sido nossa meta, já que buscávamos desestabilizar os indivíduos e tomar seus utensílios de grande valia para nós, aquela estava íntegra. Por alguma razão, meus companheiros não a atacaram, o que me gerou desconfiança.

Se aquela estrutura estranha não foi danificada, é sinal de que meus companheiros não foram atraídos por ela, possivelmente por não abrigar pessoas ou por não mostrar ter bons objetos. Mas também existia a hipótese de não ter sido avistada, o que poderia significar que guardava preciosas peças.

A curiosidade, junto da ansiedade de saber se havia artefatos de valor lá guardado, incentivaram-me a explorar o local. Como se eu sentisse o medo naquele lugar, direcionei-me para lá, sendo atraído por esse clima emocional que não se via, não se tocava e nem sabia identificar o que era propriamente, mas que, por alguma razão, eu percebia. A cada passo que eu dava rumo à construção, mais ansioso, tenso e receoso eu me sentia. A sensação era de que eu estava indo no sentido de uma emboscada, o que me deixava aflito. Porém, ao mesmo tempo, uma atração enorme me incentivava a continuar me aproximando para descobrir o que se escondia por detrás daqueles muros.

Com cuidado, abri a imensa porta, preparado para um combate corporal que eu supunha ter de enfrentar ao adentrar o lugar. Para a minha surpresa, quando entrei encontrei cerca duas dezenas de pessoas, entre mulheres e crianças. E tal como achara as minhas quatro escravas, na minha última cruzada, elas estavam com medo.

Eram duas mulheres de pele morena e olhos escuros, com cabelos longos e negros. Suas rugas mostravam que tinham mais de 35 anos de idade e seus olhos mostravam a preocupação com as crianças, que eram suas responsabilidades. Assim como uma mãe protege seus filhos com a sua vida, elas estavam lá, abrigando e acolhendo aqueles que haviam sobrevivido ao massacre recente.

No colo de cada uma havia duas crianças pequenas, que mal sabiam andar. Atrás delas, as maiores, que deviam beirar os 4 ou 5 anos de idade, sentadas, caladas, com medo e obedientes, usando-as como escudo de mais uma provável agressão. Ao lado daquelas mulheres havia mocinhas, com uns 12 anos, sentadas, servindo de referência comportamental às menores e, atrás delas, as crianças com cerca de 10 anos de idade.

As mulheres e as mocinhas estavam sentadas no chão. As primeiras estavam aflitas e preocupadas com o que entraria pela porta, dando colo e proteção às crianças pequenas. As segundas estavam cabisbaixas, numa mistura de desamparo, tristeza e resignação, buscando alguma força emocional para dar suporte àqueles que agora dependiam delas. Se antes elas dependiam de seus pais, agora, repentinamente, passaram a ser responsáveis por aquelas vidas, mesmo que não soubessem como proceder, já sentindo a carga da responsabilidade por outros.

Mais uma vez, tal como na última viagem, vi que as mulheres clamavam por compaixão e alguma benevolência em seus olhos, ao mesmo tempo em que não tinham esperança de sobreviverem, pois já conheciam o resultado de uma invasão por outra aldeia.

Elas sabiam que os adultos eram aniquilados, as adolescentes estupradas e as crianças deixadas, abandonadas à própria sorte. As mulheres mais velhas me olharam suplicando por alguma sensibilidade e caridade para que eu não matasse as crianças, mesmo que isso custasse as próprias vidas, e que não machucassem as meninas novas, oferecendo a si mesmas para a minha saciedade sexual. As mocinhas estavam desesperançadas, tentando aceitar as brutalidades que estavam prestes a sofrer.

Era muita gente, mas não teriam como se restabelecerem e sobreviverem. Eram muitas crianças pequenas, que consumiam muita atenção em tempo integral. Deixá-los ali seria o mesmo que condená-los à morte, mas de forma lenta, através do frio, da fome, das doenças. Não teriam como caçar e as plantações tinha sido destruídas, o que faria com que eles dependesse unicamente de coleta na mata. Eu sabia que viver assim não era viver, mas sobreviver, pois se andava bastante para conseguir achar algum fruto ou folhas comestíveis.

Durante a nossa estadia no local de abate, ficávamos por conta de coleta e caça. Éramos vários indivíduos, com ferramentas e conhecimento o suficiente para sobrevivermos por uma curta temporada assim. Então, eu sabia que aqueles sobreviventes não aguentariam. Sucumbiriam ao frio na primeira noite as crianças pequenas. Se chovesse, no dia seguinte já restariam a metade deles. As crianças maiores provavelmente seriam presas de mamíferos grandes ou de cobras nos dias seguintes. A fome provavelmente levaria as mocinhas a ficarem fracas e adoecerem rapidamente. Assim, tendo só as duas mulheres e com a estrutura emocional devastada por tantas perdas e esforços, era praticamente inevitável a morte as abraçar também.

Assim como nas minhas conquistadas do passado, eu os amarrei e puxei a corda. As mais velhas foram amarradas pelos pescoços, ficando com os braços livres para carregar as crianças de colo enquanto as demais foram amarradas conforme a rotina: pelas mãos.

Embora fosse extremamente custoso manter todos em minha casa, era a solução que eu encontrara para poder proteger do futuro que eu havia previsto e julgava ser cruel. Então, quando eu apareci, dentre as árvores, puxando uns 20 escravos recém-adquiridos, o barco arregalou os olhos. Todos ficaram completamente surpresos e admirados com a minha capacidade. Levei todos e fui idolatrado pelos meus colegas.

O capitão entendera pelo meu olhar que aquilo era um ato de pura compaixão. Ele sabia que eu não gostava do sistema de escravidão e que eu era o único no nosso povoado que tratava os escravos de forma estranha: com respeito. Ele entendia a minha visão e aprovou a minha ação de adotar tantos de uma vez. Era um ato de bondade dentro da cultura em que vivíamos.

Como de costume, a viagem foi regada a risadas, vinho e deboches dos recém-dominados e derrotados. Meus novos escravos estavam assustados e tristes demais a ponto de nem perceberem a zombaria da qual eram vítimas. Tentei mostrar mais respeito e empatia, dando-lhes mantimentos e agasalhos para que se mantivessem aquecidos e sobrevivessem à viagem do melhor jeito possível. Eu não queria que eles apenas sobrevivessem e chegassem à moradia nova, mas desejava que todo o translado ocorresse com o mínimo de incômodo possível. Era importante manter a saúde física e começar a conquistar a confiança, cativando-os. Essa era a melhor maneira de conquistar as pessoas e desenvolver relacionamentos mais produtivos e benéficos em longo prazo.

Para as minhas novas peças humanas, a viagem foi em silêncio, acompanhada de medos, anseios e tristeza. As mulheres sabiam que obedecer era a melhor arma que tinham para evitar qualquer coisa pior. Assim como fora no passado, em que Qsandra mostrou obediência e as moças mais novas seguiram sua conduta, o mesmo se repetia com esse novo grupo. A diferença estava em seus objetivos. Estava cada vez mais claro para mim que aquelas mulheres não almejavam grandes conquistas ou posições sociais. Elas eram pessoas cuidadoras, responsáveis pelo desenvolvimento infantil da aldeia delas e por fornecer acolhimento emocional através de sabedoria.

Elas se saciavam vendo as crianças crescerem bem, cultivando amor no povoado, que agora tinha ficado no passado. Isso me influenciou positivamente, induzindo-me a ser mais o cortês possível e tentar ajudar aquele grupo. Elas eram humildes e não buscavam humilhar ou inferiorizar ninguém, diferente de Qsandra, que era o orgulho personificado, disfarçando-se em meio a palavras bonitas e obediência revoltada.

Ao chegar ao cais, a cidade vibrava com tanto tesouro adquirido e passei a ser o herói. Eu tinha conseguido muitas coisas, além de muita gente. A festa era ainda maior do que da última vez, fazendo a cidade entrar em ritmo de comemoração pelos dois dias seguintes.

Ao descer do navio com aquele grupo enorme, a cidade chegou a ficar espantada de tamanha surpresa. Meu prestígio social foi ao céu e passei a ser muito bem-visto. Todos queriam a minha atenção, parabenizar-me, e comecei a ser o mais popular por entre as bocas que faziam a cidade se mexer socialmente.

A minha carroça era pequena para tanta gente e novas posses. Felizmente, a minha popularidade cativou a atenção de algumas pessoas, que me emprestaram outros veículos para que eu conseguisse conduzir tudo ao meu destino. Consegui mais uma carroça parecida com a minha e outra, que tinha até cobertura, sendo maior que as outras. Assim, os objetos eu coloquei nesta, já que possuía paredes e proteção em cima, permitindo aglomerar tudo, uma coisa em cima da outra. Nas carroças eu consegui arrumar aquela gente. As mulheres foram no banco, ao meu lado, com as crianças menores na parte de trás, região de carga. Na outra carroça coloquei as adolescentes no banco, com as rédeas, e as crianças na parte de trás. No banco da carroça fechada, foi também uma adolescente e uma criança maior, sendo um menino.

A minha carroça ia à frente, pois servia de guia para os cavalos das carroças de trás, e as atitudes das matriarcas seriam exemplos para aquele grupo prematuro, estimulando o restante a seguir a viagem e não fugir. A carroça fechada ia por último, seguindo as outras, e aqueles dois jovens seres mantinham a conduta dos demais, que estavam à sua frente. Assim, a viagem foi silenciosa, porém tranquila, apesar da tristeza.

Enquanto nos distanciávamos da cidade, vários questionamentos vinham à minha cabeça. O que fazer com tantas pessoas? Havia duas mulheres, três adolescentes e muitas crianças. Sei o que os outros fariam com essas pessoas: seriam muito maltratadas, além de serem separadas. O elo mais forte que elas tinham eram uma a outra. Também era a única coisa que restara para elas. Separá-las seria muita burrice: se ficassem sozinhas nada seria capaz de mantê-las sobre domínio, pois não teriam mais o que perder e o medo é um potente estimulador de obediência, ainda mais nessa circunstância de tanta novidade e muitas ameaças. Mantendo-as juntas, mesmo que parcialmente, em pequenos grupos, teriam com quem contar e aceitar a nova condição de vida com menos sofrimento. Também seria muita crueldade tirar o que havia lhes restado, permitindo a fragmentação daquele pequeno bando restante. O que tinham era somente o apoio uns dos outros, o relacionamento entre eles. Tirar-lhes isso seria estupidez e completamente desumano.

Além disso, havia muitas crianças. Crianças pequenas. O que fazer com tanta criança que não presta? Só dão gastos! Ninguém quer comprar criança, pois demandam trabalho e dinheiro. Isso significa que as crianças são abandonadas pela cidade e as mais novas, que não têm a capacidade de mendigar, eram mortas para evitar problemas e incômodos sociais e gastos. Aquelas crianças dependiam diretamente daquelas mulheres e, agora, das adolescentes também, pois apenas duas pessoas para cuidar de 15 crianças, incluindo as adolescentes, eram insuficientes.

As adolescentes seriam usadas para entretenimento sexual sem qualquer nível de pudor ou cuidado e seus corpos se deteriorariam rapidamente com tanta demanda e brutalidade, pois eu sabia como eram tratadas quem tinha esse destino. O sofrimento emocional seria grande demais para tais mocinhas. Elas eram novas na vida, naquele lugar e cultura. Dificilmente se adaptariam a uma vida assim. Contra todos os argumentos lógicos de custo-benefício, levei-os todos para casa.

A minha casa tinha espaço físico para todos, embora fosse ficar apertada e desconfortável, mas não comportava por falta de camas, roupas, comida etc. Então eu teria de bolar alguma ideia. As crianças maiores, com cerca de 8 a 10 anos de idade, poderiam cuidar das menores, enquanto que as adolescentes e adultas trabalhariam. Se bem que elas também poderiam colaborar no trabalho. Talvez, as crianças com 6 anos poderiam cuidar das pequenas, enquanto o restante trabalharia. Eram muitos detalhes para levar em consideração no novo arranjo organizacional.

Era crucial construir outro local, como espaço adequado para todos. Também seria importante aumentar a horta. Tudo deveria ser refeito, aumentado, para suportar tantas pessoas. Mas com todos colaborando, seria possível fazer acontecer. O novo abrigo seria a moradia dos novos escravos. Teria um jeito mais apropriado para abrigá-los e de uma organização específica para que ficassem confortáveis e seguros. Era necessário ter espaço para fogueira e camas organizadas para que as crianças pequenas tivessem assistência das mulheres sempre que necessitassem, além de passar segurança e confiança a essas novas pessoas.

Fazê-las se sentir em casa levaria tempo, mas fazendo uma casa própria para elas facilitaria esse processo. Elas poderiam ter artigos, estruturas ou organizações similares às de suas aldeias de origem, o que as deixaria mais felizes e tranquilas, sentindo-se um pouco em casa.

Saber reconhecer o que é importante para o outro e fornecê-lo é uma peça fundamental para um relacionamento de confiança. Aquele grupo teria o seu próprio canto, da forma que lhe convinha. Isso o ajudaria a se soltar mais e os estimularia a serem mais solícitos e gratos.

Era necessário ter áreas específicas para a produção de artigos manuais, pois eu não queria que toda aquela gente vivesse na minha casa, na minha área. Eu gostava da minha solidão e tranquilidade e, de repente, eu me via numa situação cheia de crianças, que são agitadas e barulhentas. Eram muitas pessoas num pequeno espaço e eu deveria saber administrar tudo aquilo para que pudesse funcionar e todos se beneficiarem.

A parte das camas seria no piso superior. Dessa forma, a fogueira os deixaria mais aquecidos e aconchegantes durante a noite, visto que o ar quente sobe, e a parte de baixo ficaria livre para costurar, fazer refeições e outras atividades que demandassem espaço físico. Por sorte, a minha casa ficava num lugar que tinha bastante terreno ao redor, era só construir. O lago perto oferecia peixes e outros alimentos, além de água, que usávamos para diversos fins, como cozinhar e nos banhar, eventualmente.

Por morar afastado de vizinhos, eu tinha a possibilidade de expandir a minha propriedade, construindo e tomando conta do que era meu. Como não havia disputa de terras por ali, era sossegado, e essa solução era possível. Mas ainda era necessário planejar cuidadosamente a construção. Até ficar pronta, teríamos de dar um jeito de abrigar todos debaixo do meu teto.

– SURPRESA DESAGRADÁVEL –

Ao chegar em casa, percebi que algo estava diferente. Goën estava mais retraída que o normal, parecendo que fugia de mim, escondendo-se. Mas como tinha muitas bocas para alimentar e dar um jeito de organizar tudo isso, deixei para lá. Meu foco era adaptar tudo e todos, para que todos pudessem viver de alguma forma harmônica e produtiva o suficiente para que pudéssemos nos manter.

Se eu não conseguisse fazer com que a produção fosse adequada para manter a todos, eu teria de me desfazer de alguns escravos e, nessa hora, os que são mais inúteis são os primeiros a saírem.

A irmã do meio não entendia o motivo de ter tantos escravos que não produziam. Ela sabia que o valor do escravo era a sua produção e crianças não produziam. Ela sabia que adoeciam com facilidade, exigiam muita atenção e consumiam muito alimento. Por que eu não os jogava fora? Por que eu não os vendia? Eram muitos e o trabalho para mantê-los era de todas elas. Ela começou a se revoltar por ter de abrigá-los e cuidar daquelas novas pessoas em sua vida.

Eu notei a rejeição dela em relação aos novos escravos e, então, planejei levá-la à cidade comigo. Passei por áreas diferentes e ela viu como aqueles que não serviam eram tratados: meninas de 8 anos eram prostitutas; meninos eram mendigos; crianças de 5 anos eram espancadas por diversão dos fortes e mais velhos; e crianças ainda mais novas eram mortas de formas bem dolorosas, para não criarem confusão, não consumirem comida, não gastarem espaço e não fazerem barulho. Então ela entendeu porque eu tinha tanta gente sob meu domínio, que, na verdade, estavam sob os meus cuidados.

Ela percebeu que, por trás da arrogância que eu aparentava na cidade ou na guerra em que ela fora destituída à força de seu modo de viver, havia um coração bom tentando salvar o máximo de almas possíveis de crueldade e traumas. Apesar de fazer parte das expedições que feriam e matavam muitos, ela notou que não era por diversão, mas algo cultural, ou seja, a forma de vida daquela sociedade baseava-se em roubos de outras aldeias e eu não matava ninguém com o simples objetivo de matar, mas para sequestrar seus bens valiosos.

Eu havia aconselhado à irmã mais velha a não se encontrar com o rapaz por quem estava apaixonada, pois sabia que coisa boa não aconteceria, mas a irmã acreditou que com ela seria diferente, pensamento proveniente de uma distorção da realidade, típico de quem está apaixonado ou de quem é muito orgulhoso.

Ríqta percebia que eu poderia morar na melhor casa da cidade, mas morava longe, para ter espaço para todos e para protegê-los. Ela percebeu que eu poderia mandar os escravos à cidade sozinhos para comprar e negociar o que desejava, mas eu ia junto para proteger as suas reputações e possíveis assédios. Eu era uma pessoa boa, tentando fazer o melhor possível para ajudar quem podia. Ela reparou, então, que eu fazia o melhor que eu podia, segundo às regras daquela cultura. Ser dono de escravos me dava o direito de tratá-los como eu bem quisesse, inclusive com respeito. Apesar de ser estranho e causar espanto aos outros, eu tinha permissão social para agir conforme o que eu julgasse ser mais adequado ou melhor.

Ríqta começou a se questionar sobre sua mãe e a maneira dela de conduzir a vida. Qsandra tinha forte poder sobre ela, induzindo-a a agir como desejava. Sua mãe sempre fora sua referência, o que a fez tentar imitá-la para conquistar seu espaço social, porém, agora, Ríqta percebia os resultados, os quais não eram o que desejavam por estarem numa cultura diferente.

Sua mãe tentava estimular um ódio em relação a mim, culpando-me por tudo de ruim nas vidas delas. Ríqta até estava se convencendo disso, dessa visão, a princípio. Os sentimentos gerados pela perda de sua cultura, massacre de seus entes queridos e afastamentos de sua localidade de origem a estimulavam a concordar com a mãe. Contudo, a minha serenidade e a minha maneira de mostrar a vida como era ali, naquela região, tentando mostrar que o que elas tinham não era tão ruim, que a vida poderia ser pior, fornecendo informações para o bem delas e as protegendo de pequenos infortúnios sociais, os quais poderiam crescer e se transformar em grandes incômodos e até problemas ou traumas, foi conquistando o seu coração e sua mente.

A sua irmã fora violentada por seguir os conselhos da mãe em vez de seguir a informação que eu dera. Ela sabia que eu tinha deixado a ordem de não se aproximar daquele rapaz, pois receava por prejuízo ou trauma, o que se concretizou. Ela constatou que eu estava protegendo aquelas pessoas recém-chegadas de destinos mais infelizes, assim como eu tinha feito com ela e sua família, anos antes. O meu jeito de tratá-las, tentando ser sempre cuidadoso, carinhoso e empático, também a conquistava, fazendo-a me ver de forma mais amena e até com admiração. Eu poderia tê-las deixado para a morte, mas as adotara, apesar de receberem a nomenclatura de escravas. Mais uma vez, eu tinha tido a oportunidade de deixar aquele bando de desfavorecidos da vida à mercê da sorte, mas os abrigara, tentando poupá-los de dor ainda maior. Visto isso, sua mente começou a se perguntar se seguir os conselhos da mãe era realmente a melhor opção, já que eu demonstrava ser uma pessoa confiável.

Será mesmo que conversar com ele é tão ruim? Ele mente tanto quanto a minha mãe diz? Ele tem provado ser leal. Suas informações são verdadeiras e ele mostra preocupação conosco e nosso bem-estar. Será que não devo confiar nele? Não posso pedir ajuda a ele, já que ele sempre evidencia estar certo? Assim, a cabeça de Ríqta começou a pender para a minha visão de mundo.

Ela guardou seus pensamentos e indagações para si, já que ainda não tinha confiança em mim o suficiente para me procurar e sanar suas dúvidas. Sua irmã mais nova não entenderia e a mais velha estava sob o domínio da mãe. Em relação à sua mãe, sabia que a sua reação seria exaltada e que Qsandra não aceitaria aquele posicionamento.

Na cabeça de sua mãe, suas filhas tinham de pensar e sentir como ela e, se discordassem, era visto como traição, pois ela via o mundo como adversário tentando derrotá-la. Para Qsandra, sua família, que no caso eram as suas filhas, era parte de si própria, portanto, os membros deveriam agir conforme as suas decisões e julgamentos o que automaticamente fazia com que ações, pensamentos ou sentimentos diferentes dos dela fossem considerados contrários a ela e, portanto, traição.

O clima emocional da casa permanecia estranho, por conta do juízo de Goën, Ríqta e Qsandra. Mas com tantas coisas para me preocupar, com aquele tanto de gente para manter alimentado e aquecido, e a construção do grande dormitório, ignorei os sinais de que havia algo errado. Se fosse algo grave, certamente eu ficaria sabendo, pois não seria possível guardar grande segredo por muito tempo. Assim, alguns dias depois, Qsandra veio falar-me da filha mais velha. Contou-me que a filha tinha se encontrado com o rapaz que dizia gostar, que fora abusada e que, agora, estava grávida.

Ela falava de forma a pedir amparo, proteção e piedade, embora tratasse Goën como alguém inferior e não merecedora de nenhuma ação benevolente. Em seu íntimo tinha vergonha da filha, por ter sido tão burra. Qsandra achava que tinha ensinado bem a filha a manipular os homens, mas quando soube de sua imbecilidade, a ponto de se deixar ser manipulada e dominada por um, a vergonha passou a dominar seu coração. Era como se ela mesma tivesse fracassado, o que a deixava vexada. Por não saber lidar com seus sentimentos, culpava a sua filha por lhe causar tal humilhação.

A piedade que Qsandra pedia não era para com a sua filha, mas para com ela mesma. Como ela se sentia desonrada e rebaixada, suplicava por alguma boa ação que estendesse uma cordialidade e empatia sobre si. No fundo, ela buscava alguém que a acolhesse e amenizasse a sua dor, que era essa intensa degradação moral. Recorria a mim por não ter outra opção. Depositava em mim a esperança de melhora emocional e resolução de seu problema, que era a gravidez. Essa gravidez era a prova do vexame, o que mancharia a sua reputação para sempre e que impediria a filha de conseguir uma proposta de casamento e ser uma mulher de honra, segundo a sua ótica.

Qsandra estava desesperada: ela se nutria de um ar de superioridade, como se fosse melhor que os demais. Então, quando algo acontecia que a impedia de se considerar melhor que os outros, ela sentia uma tremenda angústia, com a qual não sabia como lidar.

Ah, mais um problema! A raiva invadiu a minha cabeça, mas a calma mantinha-se comigo. Isso me ajudava a não ser impulsivo, o que evitava diversos comportamentos desagradáveis que provavelmente me faria sentir arrependimento posteriormente.

Um bebê. Para quê serve um bebê além de dar gastos e chorar? Já tinha a casa cheia de escravos por pena de matá-los, mas um recém-nascido não tinha como. Tinha a opção de vendê-la, mas buchuda, com a barriga crescendo, só serviria para entreter adultos desesperados ou ser usada por vários ao mesmo tempo. O preço dela caiu e apenas nesse cenário de servir para diversão em grupo seria possível vendê-la, já que ninguém quer uma grávida que só dá trabalho.

Afastei-me para pensar. Durante os dias que se seguiram observei Goën, Ríqta e Qsandra para avaliar a real situação. Qsandra estava desesperada para "salvar a honra da família" que, na verdade, era seu orgulho. Para ela, a morte da filha seria até uma benção, pois as pessoas se penalizariam com ela e o vexame poderia ser enterrado e guardado. Isto é, na cabeça dela. Era assim que ela se sentia e vivia no seu antigo lar.

Como admitir que desejava a morte da filha, se o maior amor do mundo é o de mãe? Como se permitir pensar sobre isso, se a mulher só se realiza quando se torna mãe? Como seria possível aceitar que ela não desejava o bem da filha, se viveu toda uma vida ouvindo que a única função da mulher é ser mãe, dar a sua vida pelo filho, que é a coisa mais maravilhosa do mundo, que é o amor que preenche a alma? Com certeza, não poderia admitir tal pensamento ou sentimento. Se todos afirmavam tais ideias e ela tinha tido a "sorte" de usufruir do melhor presente da vida, que é ser mãe, segundo as crenças da sua cultura, então ela deveria ser grata e não reclamar, mesmo que fosse contra suas vontades. Então guardava esses sentimentos no mais profundo íntimo, tentando negar a si mesmo a existência deles, mesmo que isso não surtisse o efeito desejado, já que ela permanecia com tais sentimentos.

Ríqta ajudava a irmã, mas evitava muito contato. A mãe mantinha o poder sobre a filha mais velha e Ríqta já não queria mais isso. Ela fazia a sua parte e começou a ser mais dócil e carinhosa, o que me fazia ficar mais tranquilo em relação a ela. Dessa forma, nosso relacionamento foi melhorando e se consolidando.

Goën, por outro lado, estava apática. Ela sentia o desprezo da mãe. Ela sentia uma mistura de sentimentos que a fazia não entender o que de fato acontecia. Ela seguira à risca os conselhos da mãe e, agora, estava grávida, além de não ter superado o trauma vivenciado. Ela imaginou que a mãe a ajudaria, penalizar-se-ia com ela, mas fazia o contrário, condenando-a como imoral e indigna de compreensão ou carinho. Ela não entendia como poderia ser culpada pela mãe por ter agido exatamente como ela tinha conduzido.

Goën não tinha percebido os reais valores da mãe. Qsandra prezava pelo orgulho e aparentava uma boa moral, dentro do que era considerado bom na civilização delas. Então, ela pregava a boa moral através de palavras e grandes gestos, mas usava do que era julgado como errado ou inadmissível para conquistar o que desejava. O comportamento dela era exatamente isso: aparentava ser submissa, o que era visto como adequado, mas usava de manipulações e até ameaças, se a situação se agravasse muito a ponto dela quase perder todo o controle, que era algo condenado e visto com errado.

Ela agira como a mãe falava, isto é, seguindo as regras sociais da antiga cultura e agora era condenada por sua mãe por não ter usado corretamente as ferramentas que esta ensinara.

Essa dupla mensagem no comportamento de Qsandra deixava Goën sem entender o que de fato a mãe queria ou esperava, fazendo-a se sentir ainda mais perdida e desamparada.

Aquela mulher, que era o exemplo a ser seguido por ser ótima e perfeita, passou a repreendê-la e condená-la. Seus pensamentos eram muitos e confusos. "O que aconteceu com a minha mãe, que cuidou de mim, a pessoa que estava comigo, me ajudando a conseguir o meu lugar no mundo? Eu fiz o que ela mandou e agora me repudia e se afasta. Agora, quando eu mais preciso, ela se distancia". Goën começou a ver como Qsandra era de verdade: uma pessoa que fazia qualquer coisa para obter o que desejava, não importando os meios, mas sempre buscando manter a boa reputação, usando de distorções, ignorância, julgando os fatos de acordo com a sua conveniência, tudo para adaptar a realidade ao que ela buscava. Contudo, se não conseguisse os resultados almejados ou que alguém soubesse seus meios de conquista, sentia-se profundamente envergonhada. Assim, Qsandra mostrava o quão dominada pelo orgulho era, mas o quanto achava errado as próprias ações ao condená-las caso fossem precedidas pelo fracasso ou descobertas por terceiros.

Além de não entender a mãe, que sempre falou que amava suas filhas e fazia o melhor por elas e agora ignorava a filha que mais necessitava de atenção e acolhimento, tinha uma criança em sua barriga, lembrando-a sempre do momento mais aterrorizante que passara na vida. Tinha sido ainda pior do que ter sido capturada por mim. Aquele homem a machucara fisicamente e moralmente.

Eu era responsável pela ferida moral, ao tirar-lhe a própria liberdade, mas com o tempo ela vira que eu não era tão ruim quanto ela pensava. Qsandra tentou fazer a cabeça dela contra mim, falando mentiras e aumentando a intensidade das eventualidades negativas e Goën foi acreditando nela. Assim, ela desconfiava de tudo o que eu falava, mesmo que eu provasse que estava enganada. Sua fidelidade à visão da mãe era cega, razão pela qual a seguira até o infeliz acontecimento.

Aquele homem mostrou um mundo tenebroso e a frieza da mãe mostrou o quão equivocada ela estava em relação a mim. Agora ela percebia que eu tinha falado a verdade, que a mãe dela não era uma pessoa que se podia confiar e estava sozinha, acompanhada apenas pelo resultado daquela agressão que tanto desejava esquecer.

Aquela violência não fora somente a ação do rapaz. Era a impotência dela perante a situação, a sua crença errônea de achar que saberia manipular alguém como bem desejava, a dor do estupro, o sentimento de desrespeito, de ser tratada como mero objeto sem cuidado, o desprezo da mãe diante de sua dor, a distância de Ríqta, a ignorância de Sílvia, o desamparo no momento que abalou toda a sua vida e crenças, era perceber a verdade, de que confiara na pessoa errada e desprezara conselho tão importante daquele que julgava mentir.

Parecia que ela tinha recebido uma facada no peito. Ela estava tentando se curar, fechar a ferida que fora aberta, mas então, quando percebeu que havia engravidado, era como se colocassem os dedos na ferida que estava cicatrizando, abrindo-a lentamente, separando os tecidos que já estavam se fechando. O sangue que estava coagulado voltava a escorrer por entre a nova abertura, feita sobre a antiga, que ainda não se fechara totalmente. A nova pele, recém-feita para tapar aquele buraco ainda era frágil, sensível e fina demais para receber qualquer tipo de pressão, quem dirá outra apunhalada. Aquela criança fazia Goën viver isso todos os dias e ao mesmo tempo, impedindo-a de se curar emocionalmente.

Tal como um condenado por fazer uma atrocidade, ela foi sendo afastada gradualmente do convívio das pessoas naquela casa. Sua dor era grande demais para pensar em outra coisa e a fazia se lastimar o dia todo. Embora tentasse ser útil, a tristeza e as alterações no corpo por conta da gravidez a impediam de produzir adequadamente. Ela ficou retraída, fechada em seu próprio mundo.

Quanto a mim, estava completamente decepcionado, frustrado e com raiva, pois descumprir a minha ordem havia gerado tal confusão, que eu deveria resolver. Eu tinha avisado que aquele rapaz traria decepção e desgraça, mas ela escolheu seguir com seu desejo de conquistá-lo. Ainda por cima tinha a gravidez, que trazia mais problemas para eu resolver. Como tudo e todos lá dependiam de mim, eu estava com a cabeça funcionando a mil. Era a gravidez, Qsandra gerando desarmonia na casa, os novos inquilinos, a organização das tarefas, o levantamento da nova morada, simultaneamente com seu planejamento e obtenção dos recursos para a obra. Eram muitas coisas a se pensar e estava além da minha capacidade.

A presença de Goën geraria cochichos, que atrapalham o andamento das coisas. As pessoas param para falar, olhar, passar informação adiante. Ademais, requereria cuidados e eu não tinha gente que pudesse fornecer para isso. Todos eram indispensáveis para os serviços, visto que agora havia muito a se fazer.

Visto isso, levei a moça para uma cabana bem afastada. Era às margens do lago e pequena. Era onde eu ficava quando saía para pescar, atividade que não fazia há muito tempo por ter muitos assuntos a resolver constantemente desde a chegada das primeiras servas. Lá tinha uma quietude e batia um pouco de sol, o que a tornava menos fria. Ficava numa região do lago que era mais aberta, permitindo contemplar as montanhas que o cercavam e a imensidão da água que represava.

Ela ficaria lá até parir. Teria água em abundância, pois a água do lago naquela região era boa para beber, e a mãe lhe levaria uma refeição ao dia. Assim não atrapalharia a rotina de casa com seus cuidados, poderia descansar e a mãe poderia me dar qualquer notícia de sua saúde. Como brinde, a mãe se ausentaria, melhorando o ambiente de casa por horas enquanto estivesse fora.

A mãe não hesitou em obedecer-me. Ela sabia que eu estava sendo piedoso, pois entendera que a filha tinha agido contra as minhas regras e mesmo assim eu a manteria viva e a salvo de ser vendida para uso de vários homens. Ainda tinha a sua dor da vergonha amenizada, já que a filha ficaria isolada, evitando que o escândalo, que era como ela interpretava tudo isso, fosse espalhado para além daquela redondeza.

Ela acreditava que, mesmo sendo escrava num outro lugar, havia pessoas que estavam constantemente analisando-a e julgando-a, motivo pelo qual ela teimava em manter a aparência de boa pessoa e exemplar, mesmo que por dentro se corroesse em sentimentos de revolta, vingança e ira. Na verdade, Qsandra queria mostrar que era uma boa pessoa e, se outras pessoas acreditassem nisso, talvez ela própria poderia conseguir acreditar nisso também, motivando-a esconder a sua verdadeira natureza e tentando conquistar a todos.

Essa maneira de agir consiste em tentar enganar a si própria ao enganar os demais. Qsandra tentava provar a si mesma que era boa e tinha boa moral através de sua ações controladas e explícitas visando se provar como tal e aliviar a própria consciência que a julgava errada ou inferior. Qsandra vivia em briga com o seu próprio julgamento, mesmo que não tivesse consciência disso e este conflito era evidenciado em sua forma de viver.

Ela me obedeceu e levava a comida uma vez por dia para a filha, no meio da tarde.

Mandei aquela criançada construir uma casa ao lado da minha, mas afastada por cerca de 20 metros. Era importante manter a circulação de ar e não ficar muito próximo, bem como ser uma morada arejada e ampla. Esses cuidados ajudariam a evitar pestes e doenças. Como havia muitas pessoas suscetíveis a adoecer, era primordial tomar todos os cuidados possíveis para evitar tal desastre em nossas vidas. Lá seria onde elas morariam: dormiriam e fariam boa parte das atividades domésticas.

Durante o dia, todos os que pudessem produzir faziam as tarefas para manter tudo funcionando. Expandi a horta, para poder prover comida para tantas bocas. Tínhamos bastante "plantados", o que nos abastecia os estômagos.

Eu caçava com mais frequência e presas maiores, para poder alimentar a todos nós. Quando ia à cidade também comprava outros alimentos e carnes, o que ajudava a nos nutrir com fontes diferentes. Isso era importante para ninguém ficar desnutrido. Uma dieta com variedades era a outra base para a saúde e manter as doenças afastadas.

Os dias iam passando. A nova estrutura da propriedade estava pronta e meus servos já tinham o espaço próprio. As crianças brincavam com os pequenos animais que cultivávamos, com pedras e terras. As maiores ajudavam na plantação e davam assistência aos trabalhos mais pesados ou de maior complexidade, aproveitando para aprender. Aquele novo grupo se adaptou rápido e não dava nenhum problema. Com as mulheres sendo exemplares, as adolescentes aceitavam com mais facilidade as novas atribuições e as crianças também iam aprendendo por meio das observações.

Eu mantinha meus afazeres, indo à cidade, resolvendo alguns assuntos que surgiam em casa e nos negócios, e também procurei uma forma de resolver o assunto do recém-nascido, que em breve estaria na minha vida.

Discretamente, eu buscava uma forma de me desfazer dele, sem tê-lo de abandonar na floresta, esperando a morte. Não havia chance de ele sobreviver e não havia como mantê-lo sob meu teto, posto que eu já cuidava de vários outros indivíduos dependentes. Parecia muito cruel abandoná-lo, dado a raridade de alguém se compadecer por ele e adotá-lo. Por conta disso, fui a territórios distantes em busca de alguém que se interessasse.

O rapaz que abusou de minha criada não contava muito sobre isso, apenas para os seus amigos mais íntimos, vangloriando-se, como se fosse um troféu. O resto da cidade não sabia ou não acreditava. Então as pessoas não sabiam de fato o que tinha acontecido.

Se as pessoas soubessem que minha escrava tinha agido contra mim e que eu não a castigara por tal feito, mostraria a minha falta de soberania em minha própria casa, caindo no descrédito popular, o que faria meus rendimentos caírem. Era importante não deixar que as pessoas da cidade soubessem dessa gravidez, uma vez que revelaria o desrespeito da escrava em relação a mim. Eu não gostava disso, mas era a maneira que aquele povo enxergava a vida. Portanto eu precisava zelar pela minha reputação, baseado nas crenças locais.

Um dia, a mãe foi levar a comida para a filha isolada e voltou mais rápido do que o comum, com pressa e esbaforida:

— Ela está dando à luz! – falou exaltada.

— Vá e fique com ela. Assim que a criança nascer, volte aqui. Fui claro? – falei calmamente.

— Sim, senhor.

Enquanto caminhava rapidamente até a filha, agradecia o senhor que tinha. Estava tendo a oportunidade de ficar com a filha num momento tão importante. Ela tinha noção da importância daquele momento na vida de uma mulher. O medo de não saber o que está se passando, a dor agonizante, a solidão, mesmo que se tenha companhia, fazia-se presente para todas que passavam por tal fase da vida.

Permaneceu com a filha durantes suas dores e foi o único momento em que teve alguma empatia verdadeira pela moça. Durante aquele breve espaço de tempo, olhou sua filha como filha, não como parte de si. Olhou-a com carinho, enfrentando aquilo tudo. Viu que a sua filha estava se tornando mãe, crescendo diante de seus olhos. Agora ela estava se tornando uma ver-dadeira adulta, tanto quanto ela mesma. Teria a responsabilidade de cuidar de uma criança, teria a sua própria vida. Pelo menos era assim que pensava.

Para Qsandra, a função da mulher era dar filhos ao marido e cuidar deles. Ao ver sua filha passando por esse processo mesmo que sem marido, conseguiu enxergar alguém crescida, deixando de ser alguém por quem devia zelar e guiar na vida.

A criança nasceu e Goën a pegou no colo. Por um segundo, a sua mãe sorriu, com orgulho da filha. Por rápido instante, Qsandra olhou a sua filha com ternura e ficou alegre. Ela e o bebê, que era um menino, estavam bem.

Para manter a sua obediência, que era a coisa mais valiosa que tinha, não demorou e retornou para casa. Chegou com uma alguma leveza, como se estivesse feliz pela filha estar viva e bem. Aquele fora um momento de rara tranquilidade em casa. Embora somente eu e as parentes de Goën soubessem do nascimento e de sua condição de saúde, todos desfrutavam do clima agradável de um instante que poderia ter dado errado. Não tinha como estar melhor.

No dia seguinte, fui até àquela moça e a criança, para parabenizar e resolver a situação. Não era possível ela voltar com a criança e também não deixaria o bebê para morrer. Eu tinha conseguido um casal que cuidaria daquele recém-chegado ao mundo. Durante a gestação procurei quem desejasse um bebê e consegui encontrar.

Numa vila mais distante, achei um casal que vivia da terra e tinha posses. Eles queriam ter filhos havia muito tempo, mas não conseguiam conceber. Tentaram por muito tempo, mas agora a mulher já tinha mais de 35 anos e o homem já estava na casa dos 50. Embora fosse improvável terem um filho, não era impossível, motivo pelo qual adotar uma criança recém-nascida e alegar ser legítima era viável.

Durante a gestação de Goën, o casal se preparou e esquematizou tudo para simular uma legítima gravidez da senhora. Por morarem distante de mim ou da cidade que eu frequentava, e pela gravidez de Goën ter sido escondida, tudo estava saindo conforme o planejado e ninguém saberia da verdade além de nós. Isso manteria as nossas reputações e poderíamos seguir com nossas vidas como se não tivesse tido esse desfalque.

Cheguei à cabana que abrigava a mais nova mãe. Perguntei como ela e o bebê estavam e se ela tinha capacidade de andar. Ela disse que sim, embora parecesse cansada. Ela sabia que era tachada de burra e negligente e não queria parecer ingrata, já que a mantive a salvo. Então peguei a criança e ela foi me seguindo.

Fui andando para dentro da floresta até chegar numa clareira específica. Durante a caminhada, observei que Goën tinha atração pelo filho, desejando segurá-lo. Ela não entendia o que acontecia ou para onde estávamos indo, mas tentou ser obediente, tentando se desculpar por sua ação descuidada de meses antes, que lhe rendera um filho. Um casal chegou, conforme o combinado.

— Está aqui o bebê, como combinado. Nasceu ontem – eu disse.

— Perfeito! – disse o homem. – Aqui estão $200 000.

O homem estava animado e mulher, emocionada. Finalmente, o sonho deles seria verdadeiro. O momento que tanto desejaram tinha chegado.

A menina entendeu que eu estava vendendo a criança. Seus olhos se encheram de lágrimas pela separação do filho que ainda não conhecia. Apesar de a gravidez ter sido difícil emocionalmente, por conta da forma como fora concebida, quando a criança nasceu, ela olhou o pequenino e o segurou, e viu ali alguém pequeno, completamente indefeso e dependente de alguém.

Ela não tivera uma boa mãe e estava isolada, sentindo o desprezo de quem conhecia. Mas ali, com aquele pequeno bebê, ela teria a oportunidade de mudar tudo. Ela poderia ser a mãe que desejara ter tido. Poderia amar como sempre quis ser amada. Poderia cuidar, como sonhou que fosse cuidada. Ela viu uma oportunidade de se refazer. Por aquela minúscula pessoinha que acabara de conhecer, ela faria o seu melhor em tudo que fosse possível, mostrando o melhor de si para o mundo.

Ela imaginou ser a melhor servente para provar seu valor. Poder cuidar de seu filho era motivação na vida e ela sabia que tudo poderia superar. Ela idealizou ser o melhor exemplo de serva, pessoa e mãe, em forma de gratidão pela minha atitude de cuidar dela. Embora não tenha tido os cuidados que idealizara, pois imaginava estar casada e com criados para lhe satisfazer, soube que não fora abandonada à própria sorte ou vendida para bárbaros brutais que, certamente, acabariam com ela.

Apesar da separação iminente da sua motivação de viver, ela também agradecia em forma de silêncio, mantendo a cabeça baixa e sendo-me obediente. Ela era grata por eu não só poupar a vida do filho, que a muito custo conseguira gerar e trazer ao mundo, mas que eu tinha encontrado pais adotivos que cuidariam de seu descendente com amor e muito cuidado. Ela estava feliz por saber que coisas boas chegariam àquele que acabara de nascer, mas triste por não poder contemplá-las.

O homem também percebeu a expressão de grande dor pela separação de seu filho. A mulher também ficou penalizada. Eles haviam tentado ter filhos por muitos anos e não haviam conseguido. Agora tinham a oportunidade de ter, comprando um bebê. A mulher, então, com alguma simpatia pela moça, sentindo parte da dor dela de se separar do filho, solidarizou-se com Goën. Ela olhou para o marido e, com um olhar brilhante de alegria, por realizar o que muito haviam sonhado, misturado com tristeza por terem a sua felicidade originada de sofrimento alheio, concordaram. Assim, o homem falou:

— Pago $300 000 pela criança e pela menina.

Fiquei surpreso. Realmente, era uma ótima notícia. Goën sofreria demais voltando para casa, com o desprezo dos demais e sem seu filho, que era uma peça importante na sua vida agora. Ela se afastar de tudo aquilo, ir para um bom lugar e ficar com o filho era a perfeição divina agindo por intermédio daquele casal abençoado.

A casa deles era grande, mais parecida com a de Goën em sua terra natal. Seus valores morais também eram um pouco mais similares aos que Goën cultivava, em virtude da criação que a mãe lhe impusera. Eles tinham riqueza, eram mais velhos, respeitados e distantes da cidade. Era a solução perfeita.

Ela seria uma escrava, mas provavelmente uma escrava doméstica, cuidando diretamente daquele casal e da criança. Embora não fosse criar seu filho conforme o que acreditava, poderia cuidar dele e vê-lo crescer.

Ela estava alguns metros atrás de mim, mais distante do cavalheiro que fizera a proposta, mas ouviu um pouco. Rapidamente, levantou os olhos e um brilho jamais visto apareceu em seus olhos. Vi a esperança de felicidade em seu semblante, misturada com uma euforia contida, para manter a obediência, e ansiedade pela minha resposta. Ela olhou para mim de forma cativante, implorando e, ao mesmo tempo, agradecendo por tudo que eu fizera. Não perdi tempo e respondi:

— Fechado.

Assim, foram. Goën estava extasiada de alegria. Agora estava com a esperança renovada e confiante de que sua vida seria muito melhor e satisfatória. Prometeu a si mesma ser a melhor criada do casal, estando sempre de prontidão para atender a seus novos senhores. Sentia que eles seriam bons e cordiais, além de saber que poderia ver o filho crescer.

Goën aprendera a sua lição às duras penas. Por insubordinação, promovida pela revolta e ambição de chegar a um posto social melhor, combinado com o estímulo da mãe, sofrera muito nos últimos meses, com a brutalidade, o desprezo dos que a rodeavam e o isolamento físico, ao passar o período de gestação sozinha. Também sofreu com o isolamento emocional porque ninguém a compreendia nem desejavam saber como ela se sentia.

A solidão social também se fez presente, na medida em que, quando estava em minha casa, os outros fugiam de sua presença fúnebre e, depois, passou a ter contato apenas com a pessoa que a levou a passar por tudo aquilo e que desdenhava de sua situação. Agora seria exemplar, jurando lealdade aos seus novos donos, mudando de comportamento para assegurar o seu bem-estar e o de seu filho.

Finalmente, Goën entendeu que eu tentava protegê-la, e não abusar dela, como sua mãe tanto havia falado. Ela viu que eu queria o seu bem, que podia ter confiado em mim, que nem todos os senhores são ruins e que a premissa de que o maior amor que existe é o de mãe era equivocado, pelo menos, neste caso.

Ela não tinha como voltar atrás e refazer o passado, mas poderia fazer diferente a partir de então. Não tinha confiado em mim antes, mas agora seria diferente. Se eu tinha aceitado o acordo com aquele casal para ficarem com eles dois, era sinal de coisa boa. Então, em forma de gratidão e para se retratar comigo, ela aceitaria a minha decisão e faria o melhor possível para agradar ao casal que lhe compara. Isso aliviaria a sua própria culpa gradualmente por ter me desacatado e sentia confiança no casal, que eram simpáticos e não pareciam ser cruéis ou orgulhosos.

Voltei para casa e a mãe logo perguntou sobre a filha. Contei-lhe que fora vendida com a criança para um casal que morava no pé da montanha. A mãe agradeceu pela misericórdia, pois foi a melhor solução. Sabia que a dor de separar do filho recém-nascido seria muito pesada e a filha não precisaria enfrentar isso. De resto, não haveria a chance de cochichos e fofocas, coisas que atormentavam a sua mente constantemente.

Apenas ela acreditava ser alvo de boatos que poderiam manchar a sua reputação. Na verdade, tudo o que Qsandra temia era que outras pessoas agissem como ela agia consigo mesma, mostrando o seu próprio julgamento através do medo que tinha das pessoas. A sua constante tentativa de aparentar ser uma boa pessoa era reflexo do que ela queria provar a si mesma. Ao tentar enganar os outros, falando algumas ideias e agindo diferente, ela apenas iludia a si mesma.

Goën levou tempo para perceber que elas não eram nada para aquela população. Ríqta descobria aos poucos que a visão da mãe não era coerente e não fazia sentido naquela forma de vida, o que a fazia pensar sobre o que estava aprendendo sobre a cultura local. Sílvia era pequena demais para perceber tudo isso ainda. Ela absorvia as novas informações com muito mais facilidade, ajustando-se à realidade sem pestanejar.

– SEGUNDA PERDA –

O tempo foi passando. O dormitório daquela penca de gente já estava totalmente pronto. Era bem grande, maior que a minha casa, e suportava todo mundo, fornecendo espaço agradável para todos. Como era permanente, foi levantado prevendo o futuro, com as crianças já adultas e funcionais, carecendo de seus espaços individuais. Tinha os adornos daqueles que lá habitavam, deixando o lugar mais aconchegante e seguro emocionalmente.

Todos cresciam com saúde, as crianças eram fortes, inteligentes e ajudavam no que podiam as mais velhas. Os relacionamentos eram bons e eu tratava as mulheres morenas como se fossem velhas sábias. Eu via que elas entendiam de muitas coisas, como ervas, medicamentos e maneiras de acolher as emoções dos outros, arte muito importante para mim. Apesar de serem minhas escravas, eram tratadas como pessoas independentes e a moradia delas, que era compartilhada com a criançada, era submetida às regras delas.

Eu nem lhes tirava a autoridade e chegava a parecer que eram meus vizinhos, tamanha independência. Elas sabiam orquestrar muito bem uma família numerosa e manter a harmonia. Por olhares, elas compreendiam o que eu passava e me davam suporte psicológico e, às vezes, sugestões.

Elas prezavam pela gentileza e afeto, preservando e construindo um ambiente transparente e sincero de carinho inclusive em relação a mim. Eram como se fossem minhas mães, mas sem a liberdade de negociar pela família. A única regra que não podia existir naquela moradia era a proibição de minha entrada quando eu quisesse.

Ríqta já estava com uns 16 ou 17 anos e buscou-me para esclarecer algumas dúvidas.

— Senhor, posso lhe falar? – falou, acanhada.

— Sim. Vamos para o lago.

Fomos andar rente ao lago enquanto conversávamos, porque andar perto do lago trazia calmaria à mente e me ajudava a ficar focado no assunto de forma mais proveitosa possível, com clareza e sensatez.

— Diga, o que lhe incomoda? – falei gentilmente.

— Estou apaixonada. Há um rapaz na cidade. Sei que ele gosta de mim. Ele me olha. Sempre que vou com o senhor à cidade eu falo com ele. Sei que o senhor consegue informações importantes. Sei também que é possível me casar, como já me falou. Quero saber: tenho chance de me casar com ele? – a moça disse apressada, tímida e embaraçada.

Ela sabia da importância de confiar em mim, visto que não queria correr o risco de passar pelo trauma que a irmã mais velha tinha vivido. Como era uma novidade muito grande para ela, confiar em mim e conversar com um homem, já que em sua cultura natal não se tinha tanta facilidade de acesso a um, ela ficou um pouco ansiosa para me falar. Contudo já tinha entendido que não podia confiar na mãe, restando a mim.

— Vou averiguar a situação.

Nos dias que se correram, informei-me do determinado rapaz. Ele era uma boa pessoa e sei que honraria aquela moça, comprando-a e se casando com ela. Sei que ele a respeitaria e ela poderia ter uma vida tranquila como uma recém-senhora na comunidade.

Dessa maneira, a aproximação de ambos foi acontecendo gradativamente e com respeito. O rapaz realmente parecia interessado na moça, demonstrando afeto sem agressividade. Nas vezes em que eu ia à cidade, levava Ríqta comigo. Ela era a escrava mais velha e sabia que tinha a chance de passar um tempo com o dito cujo, por quem estava apaixonada.

Eu dava liberdade para acompanhá-lo em algumas tarefas, para que se conhecessem, enquanto eu realizava as minhas. Outras vezes, ele nos acompanhava e eu permitia que se afastassem um pouco de mim, para terem um pouco de privacidade sobre os assuntos abordados. Naquele ponto eu já sabia que Ríqta não agiria contra a minha vontade, motivo pelo qual eu tinha confiança de ela se ausentar para passar um tempo a sós com o moço.

Também era importante que as pessoas locais vissem a existência de um romance entre eles, para que o respeito perante Ríqta fosse conquistado e, aos poucos, ela começasse a ser vista como companheira dele. As fofocas eram parte da vida naquele mundo e eu não gostava disso. Acreditava no respeito entre as pessoas e na confiança das palavras de cada um, mas os que me rodeavam não. Então não tinha como evitar, cabendo a mim fazer o uso dessa característica da melhor forma que me era possível, beneficiando aqueles que eu prezava.

Em poucos meses tudo estava se realizando. O rapaz foi até a minha casa para mostrar a sua intensão de se casar com Ríqta. Como eu era o dono, era necessária a minha permissão e a compra dela. Tudo foi acertado na minha casa. Ríqta estava na parte de fora da casa e fui até ela para contar-lhe. Ela abriu um sorriso lindo, que jamais tinha visto. Ela realmente estava feliz, alcançando o seu grande sonho de se casar, e por amor.

Os preparativos estavam sendo feitos para o grande evento da festa de casamento. Alguns dias antes de se casarem, eu a vendi, pois era necessário o rapaz ter a posse dela para casar. Como eu queria ter garantia de que o casamento seria realizado, deixei para finalizar a transação comercial quando tudo estivesse pronto para o casório, para não ter muito risco de vendê-la e ele não se casar com ela.

O casamento foi lindo e muito bem orquestrado, levando em conta os desejos dela e o gosto de ambos. Aquele rapaz realmente se interessava por ela, desejando sempre agradá-la, o que me deixava sossegado quanto ao futuro dela. Eu via que haveria respeito e ela seria bem tratada, que eram as principais preocupações minhas em relação à Ríqta.

Ríqta foi embora, viver como uma recém-senhora, para a minha satisfação e orgulho da mãe. Qsandra, não obstante estar com o orgulho inflado por ter conseguido casar bem uma filha, também sentia uma parte de desonra, pois Ríqta usara da minha ajuda para conseguir isso, em vez da ajuda dela, fazendo-a se sentir sem mérito nessa grande conquista.

– TERCEIRA PERDA –

Mais uma expedição estava sendo montada e esta seria a mais longa já planejada. Dali a um ano ou um e meio, eu embarcaria novamente, rumo a terras desconhecidas e as mais distantes já exploradas.

Restava apenas a filha mais nova para Qsandra. Com a mais velha exilada e a segunda casada, morando perto da cidade, apenas Sílvia servia como motivação de sua vida. Ela percebeu que Sílvia era diferente das outras, sendo muito destemida, ciente de suas ambições e não idealizava um romance, típico de senhorita da alta sociedade em que ela crescera.

Sílvia era muito prática e direta, gostava de trabalhar com serviços que requeriam muita força, empenhava-se em suas atividades e agora já entendia tudo o que se passava através das observações de sutis e delicados gestos.

Aquela menina aprendeu bem sobre a sociedade da qual fazia parte, fazendo-a ser bem-sucedida em suas práticas e se permitindo almejar qualquer coisa ou status lá. Não sei se ela aceitou a nova sociedade e abandonou os sonhos antigos, que pertenciam a uma realidade já inexistente, ou se, por ter mais tempo na nova sociedade, aprendeu mais sobre esta.

A irmã mais velha teve dois anos para se adaptar e não conseguiu. A outra teve mais tempo, o que ofereceu a chance de desenvolver uma realidade mais agradável, obtendo um casamento harmonioso, como tanto sonhara, mas dentro das condições locais. Sílvia aparentava gostar daquele lugar, saciando suas necessidades pessoais e aperfeiçoando seus conhecimentos.

Ela começou a fazer coisas mais elaboradas, a se arrumar mais, tentava chamar a minha atenção – e conseguia. Seu comportamento passou a ser mais atraente, mais feminino, quando estava perto de mim, mas quando estava empenhada e concentrada em seus afazeres, ela dava o melhor de si sem tentar impressionar mais ninguém. Na verdade era isso que me chamava atenção: o seu foco e esforço. Ela era muito aplicada e adorava trabalhar com madeira e caçar.

Como havia meninos na casa, ela brincava de briga e começou a aprender a lutar. Ela adorava e isso me fascinava: ela não tinha medo de fazer e aprender, não era uma daquelas meninas que obedeciam e buscavam alguém para casar. Aquela menina era legítima na minha terra, do meu povo.

Na minha comunidade, homens e mulheres podiam fazer quase tudo. Mulheres tinham respeito dos homens, podiam guerrear e também negociar. O que elas podiam fazer e os homens não, era parir.

A maioria das mulheres fazia serviços mais delicados, como cozinhar, costurar, plantar, buscar ervas na floresta. Eram trabalhos que exigiam mais delicadeza e paciência, característica mais comum em mulheres. Aquelas que exploravam a luta, a caça, guerra ou negócios, eram mais cortejadas, desejadas e admiradas pelos homens, de forma geral, pois eram vistas como integrantes de seu mundo e com atributos femininos que os atraíam.

Os homens não queriam uma mulher obediente: eles desejavam mulheres autônomas, donas si, independentes e ambiciosas, mesmo que fizessem os trabalhos domésticos. Isso colaborava bastante no casamento, pois a responsabilidade de prosperidade familiar não ficava somente com o homem, o que diminuía as preocupações desse, além de ter duas cabeças pensando e criando mais ideias e oportunidades para o crescimento do casal. Portanto, casais com esse tipo de mulher progrediam mais e mais rápido.

Aquela menina buscava a minha atenção. Ela queria provar que era digna e merecedora de algo a mais, que eu podia confiar nela. Ela queria fazer parte da sociedade, colaborando, sem submissão. Queria ser ativa na sociedade.

Agora ela tinha uns 12 anos, era muito valente e esperta e não tinha apego à mãe. Embora a mãe continuasse tentando controlá-la, para que ela submetesse aos seus caprichos, Sílvia já tinha aprendido que podia confiar em mim e sua mãe era digna de repúdio. Agora, estando mais velha, tinha entendido o que acontecera com suas irmãs.

Percebia que Goën fora vítima do excesso de ambição de sua mãe e que Ríqta havia tentado sair das teias invisíveis de sua mãe, o que lhe rendeu um final mais feliz do que o de Goën.

O dia da viagem se aproximava, ela pediu para falar-me:

— Posso falar com o senhor?

As outras escravas e escravos falavam com a cabeça voltada para o chão, em sinal de submissão. Ela era diferente: ela admirava os acontecimentos e ansiava por oportunidade.

— Sim – respondi, enquanto me direcionava para o lago.

Durante a caminhada na beira d'água, Sílvia iniciou a conversa:

—Quero pedir-lhe permissão para ir com o senhor e servir-lhe. Sei que poderei ajudá-lo a conquistar ainda mais para nós e para a cidade – falou, olhando para mim, numa postura séria, corajosa e confiante no que falava, encarando-me.

—Você é muito nova. Nem há outra mulher no barco – tentei argumentar contra a ideia dela.

— Não há outra mulher porque não há mulher interessada em ir. Sou uma e quero ir. Você já me viu praticando luta e sabe tão bem quanto eu que tenho capacidade de ir com você. Posso ir como aprendiz e ajudá-lo na exploração. Enquanto aprendo, fico na retaguarda, lhe dando cobertura.

Ela tinha ótimos argumentos. Ela realmente entendia aquela sociedade, as regras de onde vivia.

— Está bem. Prepare seu traje.

Pelas regras, cada pessoa que ia era dona se si. Ninguém tinha responsabilidade de cuidar de ninguém. Logo, ela iria por conta própria e eu não teria de tomar conta dela. Ela própria deveria arrumar o seu traje, sua armadura e ferramentas, bem como a sua espada.

Embora eu não fosse responsável por ela, eu já tinha um determinado apego e afeição por ela que me faziam ficar preocupado com o seu bem-estar e essa preocupação me incomodava e gerava um certo medo. Eu não queria que ela se machucasse, motivo pelo qual tentei contra argumentá-la, sem sucesso.

Ela voltou para o interior da casa muito alegre e animada. A mãe ficou desconfiada com tamanha agitação e foi perguntar a ela. Sílvia falou claramente que iria comigo na próxima viagem. A mãe ficou superpreocupada, desestimulando-a, mas ela já tinha decidido o que queria para si.

Qsandra sempre rezava para que eu não voltasse das viagens, como se a minha morte a fizesse minha herdeira. Ela ainda não sabia que, ali, os escravos eram objetos animados e que se eu morresse, os meus pertences seriam daquele que tomasse posse primeiro, mantendo a lei do mais forte ou mais inteligente.

Na mente de Qsandra, ela conseguiria administrar o lugar e não o deixaria ser invadido, acreditando ter mais capacidade e controle do que de fato tinha. Ela realmente não compreendia as regras do local que habitava. No fundo, ela vivia sonhando em impor a sua forma de viver àqueles que a rodeavam, em vez de absorver as tradições existentes por lá.

O dia da viagem chegou e nós embarcamos. A expedição foi mais curta do que o planejado, sendo comum, e foi um sucesso. Voltamos satisfeitos e Sílvia começou a ser notada pela sociedade. Era a primeira mulher em anos a ir junto numa exploração, além de ser bem nova.

O sucesso na viagem lhe rendeu reconhecimento e aprendizado. Ela estava se familiarizando com os companheiros de navio e o modo de vida deles, captando como era feito todo o planejamento e execução de tais expedições.

Em poucos meses, a menina chegou até mim com uma proposta. Ela me conduziu ao lago, conotando que desejava me informar algo de importância relevante.

— Por que não fazemos a nossa própria expedição? – ela disse, com um tom de voz como se fosse algo corriqueiro. Ela não me encarou, insinuando confronto. Ela verbalizou o que sua mente desejava.

— Precisamos de um barco e só quem fornece é o dono da cidade.

Esse dono da cidade era como se fosse um prefeito. Era quem organizava a cidade e os grandes eventos que nela aconteciam. Também era quem mais investia nas cruzadas, motivo que o fazia ter mais consideração nos planejamentos destas.

— Se a questão é essa, posso fazer! Sabe que tenho aprendido a usar a madeira, já sei usar as ferramentas. Posso elaborar e construir um barco. Não será tão grande quanto o do dono, mas será grande para nós dois.

Aquilo mexeu comigo! Que audaciosa! De fato, eu sabia que ela tinha capacidade, pois já a vira trabalhar com muitas coisas e tinha ótima habilidade. Mas daí querer sair do que fazia e elaborar o próprio projeto, era algo muito inusitado.

— Se você conseguir fazer um bom barco, vamos estudar quais rotas e onde atacar. Se formos só nós dois, nossa estratégia deverá ser diferente, porque teremos menos força de ataque.

Ela ficou empolgada e animada.

Fiquei pensativo. Como isso nunca ocorrera antes fiquei um pouco calmo, pois não tinha muita esperança de se concretizar. Mas, então, nos dias seguintes, ela trabalhou com afinco no barco, como se não houvesse coisa melhor. Observei seu empenho e concentração. A mãe estava preocupada. Já sentia que não tinha controle sobre a filha e tinha medo do rumo que a filha estava tomando na vida.

A cada dia que se passava, o novo barco tomava forma e eu ficava mais ansioso e empolgado. Estava animado com a possibilidade de sairmos, sem precisar dar explicações à elite da cidade, e por termos tantas novidades. Teríamos formas diferentes de explorar, estudar novos métodos, desenvolver mais ferramentas. Praticamente uma forma nova de viver.

Por outro lado, estava com receio. Por não saber como proceder, já que era novidade, havia o medo de fracasso. Isso nos conduzia a ter muita precaução. Assim, eu elaborava estratégias para a nossa viagem enquanto Sílvia finalizava aquela beleza de barco.

Em poucos meses o barco estava pronto. Testamo-lo no lago e era hora de planejar a viagem. Como o lago era imenso e dava no mar, seria por onde nos deslocaríamos. Pensamos, primeiramente, em explorar aldeias ribeirinhas do lago. Isso nos daria confiança e conhecimento para ir a aldeias maiores, as quais se localizavam no litoral salgado, e conhecimento sobre aquele famoso lago.

Como seria somente nós dois, teríamos de chegar próximo a uma vila, deixar o barco perto da floresta e furtar coisas do povoado-alvo. Não tínhamos gente suficiente para guerrear e tomar na força: éramos somente nós dois.

Assim foi feito e foi um sucesso. Como exploramos as aldeias na parte muito acima do lago, percebemos que este era um rio com de grande largura na altura de nossa casa.

Nós não chegávamos ao cais na cidade, íamos direto para casa, que ficava a caminho desse.

A viagem fora curta e não cansava muito. Então decidimos fazer com mais frequência. Aos poucos fomos desenvolvendo habilidades de penetrar pequenas comunidades sem sermos notados, conhecendo mais a região. Também reforçávamos o nosso laço de confiança e lealdade.

Nessas rápidas expedições, o contrato social era diferente: um dependia necessariamente do outro, o que gerava responsabilidade pelo outro, havendo uma interdependência. A regra do cada um por si e da força já não era válida para aquela ocasião.

Um dia resolvemos chegar ao cais depois da viagem. Foi um espanto para a cidade que o rodeava, pois viram um homem e uma criança feminina chegando com vitória e sucesso. Além disso, tínhamos construído o nosso próprio barco, que era quase tão grande quanto os da cidade, o que nos dava muito espaço para a colheita de riquezas.

O barco também era muito bonito, bem trabalhado, com detalhes finos e bonitos, deixando as madames de queixo caído, os cavalheiros que lidavam com embarcações com inveja, e os que não entendiam sobre o assunto, admirados. A nossa fama começou a aumentar e murmurinhos positivos sobre nós começaram a rodar na cidade.

Eu e a menina começamos a fazer uma dupla de cumplicidade. Ela era uma escrava na teoria, pois, na prática, já era uma cidadã e minha companheira de negócios, e era reconhecida com tal. Ela era quem me acompanhava em todas as ocasiões, como as idas ao mercado, nas casas de fregueses para negociar ou nos poucos eventos sociais a que eu comparecia.

Um barco da cidade se preparava para uma viagem. Iríamos fazer parte, mas iríamos com o nosso próprio barco. Agora, sim, seria batalha, com lutas e mortes, mas aquela menina estava pronta, e fomos.

Chegamos a um povoado ribeirinho no alto do rio e atacamos. Alguns tentaram lutar, mas o restante, ao perceberem a nossa força, fugiu para a floresta ao redor e nós pegamos tudo o que queríamos.

Chegamos com sucesso e a cidade vibrava conosco. Éramos heróis.

Continuávamos com a proposta de fazer as nossas viagens e também as viagens da cidade. Na viagem seguinte, que íamos apenas nós dois, passamos pela comunidade ribeirinha que tínhamos saqueado poucos meses antes, com os guerreiros da cidade. As pessoas estavam reconstruindo. Passamos e olhamos, enquanto nos dirigíamos para outro lugar, pelo rio.

Enquanto eu furtava objetos de outra vila, mais distante, a menina voltou para aquela comunidade com o barco e voltou recheada de comida. Fiquei completamente surpreso. Ela sabia navegar sozinha e ainda conseguira dominar uma cidade inteira sozinha! Como?

Na viagem de volta, ela me contou:

— Aquele povoado que atacamos estava se reerguendo, como você viu. Já percebi que em pouco tempo será atacado de novo, pois nossos barcos fazem esse trajeto. Então resolvi fazer um acordo: podemos vir aqui de tempos em tempos, ele nos dão boa parte do que têm e, em troca, para que eles não tenham mais mortes nem mais ataques de nossa cidade, nós vamos conduzir os planejamentos dos ataques para outro lugar. Assim, esse povoado não perde em saques, nem vidas e nem em lutas, mantendo uma paz. Nós seremos vistos como herói para eles, além de receber bastante comida. Quando navegarmos com nossos irmãos, vamos para outro rumo, explorar via mar, pois já vimos que por aqui temos pouco para aproveitar, já que as comunidades são muito pequenas e não vale a pena lutar para conseguir tão pouco.

Aquela menina era demais! Extremamente esperta e habilidosa. Cada vez me encantava mais e minha admiração não podia ser contida. Sílvia tinha uma perspicácia e não se acanhava de pôr em prática seus planos e pensamentos, o que a levava a ganhar reconhecimento social, desenvolver a sua influência e receber a minha atenção, que era o que mais almejava. Ela já tinha 14 anos.

Qsandra atuava como se fosse grata pela vida, pois sabia que poderia ter sido muito pior, mas não se saciava realmente, além de ter muita preocupação a respeito da filha, já que ela estava se mostrando ser totalmente diferente do que a ela tentava ensinar, que era jurar submissão.

Qsandra achava que suas filhas deviam ser como ela própria, como se fossem réplicas: aparentando resignação e docilidade, mas agindo por meio de influências sociais. Ela queria que as filhas a substituíssem no mundo quando ela morresse, mas que não tivessem tanto êxito quanto ela enquanto estivesse viva.

Era difícil agradar aquela pessoa, a qual desejava tudo, inclusive que as pessoas fossem como ela, mas, ao mesmo tempo, não fossem exatamente iguais a ela, para que ela se sentisse superior. De um jeito ou de outro, ela jamais se saciaria com qualquer coisa no mundo. Era impossível ter tudo, controlar tudo e fazer com que o mundo a enxergasse como ela se via, ou que ambicionava ser.

Qsandra, uma vez, foi falar com filha que lhe restara:

— Minha filha, me preocupo com você. Você está fazendo coisas que não são de mulher. E se nenhum homem a quiser? – falou com docilidade, aparentando real preocupação com a felicidade da filha.

— Mamãe, querida... – falou em tom de convicção do que queria e conhecia e de deboche da mãe. – Você não conhece os homens daqui? Eles admiram as mulheres corajosas!

— Esses homens não prestam minha filha – tentou argumentar, falando mansamente – Sabe que bom homem é aquele que quer uma mulher que faça as coisas do lar, que seja gentil, delicada, servil...

— Mãe, essa sua visão não serve para cá – falou séria e firme. – Sabe que não estamos mais na nossa cidade. Além do mais, aqui há escravos, então não faz sentido a mulher ter de fazer os serviços domésticos: basta comprar um escravo para que os faça. Além disso, – começou a falar apaixonadamente, com os olhos brilhando – estou apaixonada e estou quase conseguindo o que quero. – E olhou para mim.

Nesse momento, a mãe não acreditou. Ela estava apaixonada pelo seu senhor? O homem que fazia sexo com a sua própria mãe? O homem que as condenara àquela vida miserável? Não era possível!

— O que você está dizendo? – falou espantada com a revelação, mas num tom calmo e submisso, pois era o que aprendera a ser para dominar socialmente.

— Ah, mamãe, me poupe! Você mesma sabe o quão agradecidas devemos ser. Ainda mais depois de ir à cidade e ver quais opções teríamos lá.

A mãe não conseguia acreditar. Aquele homem era frio na cama, dormira com ela, vai dormir com a sua filha? A sua menina mais nova?

— Mas, filha... – tentou começar a argumentar.

— Mas nada, mãe. Aqui eu sou livre! Posso aprender a lutar, fazer o que eu quiser. Não preciso esperar um homem me procurar. Eu posso ir atrás, posso ser dona de mim! - Sílvia falava animada, contente com a sensação de liberdade de poder fazer e ser quem desejava em vez de tentar ser o que outras pessoas desejavam ou esperavam que ela fosse.

Para a mãe, a filha estava falando barbaridades e asneiras sem fim, como se estivesse enlouquecida. Como desejar coisa diferente do que um casamento, ter filhos e fazer trabalhos domésticos? Esse era o sonho das mulheres, esse era o que a mulher podia esperar para a vida, e sua filha não queria nada daquilo. Como entender que a única coisa que a mulher poderia esperar da vida não era suficiente para sua filha, a qual criara para valorizar e desejar tudo isso? O que a levara para agir daquela forma tão fora do normal a ponto de ser doentia? Definitivamente aquela filha não estava bem.

— Veja, minha querida, a sua irmã se casou e vive bem agora. Já tem filhos, uma linda casa, mora na cidade, tem um marido gentil...

— Não quero gentileza, mãe! Quero amor, paixão! Quero poder ir às cruzadas, casar com quem amo e vivermos fazendo o que nossos corações desejam, não o que você me impõe – falou de forma forte e mais alto, impondo sua decisão.

A mãe não tinha mais argumentos. Estava surpresa e espantada com tamanha ousadia, pois acreditava que ainda tinha algum controle sobre a filha. Acreditava que essa ideia de construir barco e viajar era coisa da época de menina, mas que, ao amadurecer e ser tornar mais moça, ela se "endireitaria". Mas aquela confissão toda, suas atitudes audaciosas e sua paixão pelo homem que transava com a sua mãe foram um choque revelador de que a sua filha estava fora do caminho, completamente desvirtuada.

— Filha... – tentou uma última argumentação para fazer a filha "voltar" a ser o que era, que, na verdade, era um sopro de esperança de que a filha fizesse a vontade dela. – Acha mesmo que ele a pedirá em casamento? Ele já está com 32 e você com 14. Ele a vê como uma criança, uma menina!

— Mãe, essa regra do homem pedir a mulher em casamento é de uma sociedade que foi dilacerada até o fim. Viemos para cá e você já sabe que aqui as coisas são diferentes! Eu vou falar com ele e propor casamento.

A mãe ficou horrorizada, escandalizada. Agora não tinha mais dúvida de que a filha não tinha conserto e a família seria humilhada com uma mulher pedindo um homem em casamento. Seu coração apertou, como se tivesse sido apunhalado com uma espada.

Saiu da companhia de sua filha e foi ao longe, para chorar toda a sua indignação por não ter criado bem uma filha, pela desonra que estava por vir. Essa foi a maior traição de sua vida e nem a dor de saber o que havia acontecido naquele dia em que o senhor estava fora e sua filha mais velha buscava viver o sonho romântico fora tão cruel.

Aquele momento foi promiscuidade e falta de cuidado. A filha tinha sido alertada e, mesmo assim, foi atrás do rapaz, então ela não era vítima. Estava tentando seduzir o rapaz para conseguir o casamento, assim como a mãe ensinara, mas o tiro saiu pela culatra e isso às vezes acontece. Era um risco a correr. Então a culpa pelo acontecido era da filha, por não ter feito as coisas da forma certa, mas, pelo menos, estava tentando seguir os conselhos da mãe. Mas a mais nova, ahhh, essa não! Ela nem estava tentando seguir as ordens da mãe! Ela estava andando com os próprios pés e próprias crenças! Como não precisa da opinião, conselho ou ajuda da mãe? Como desprezar tanto alguém que a colocou no mundo? Como ignorar os conselhos daquela que sofreu para mantê-la viva? Aquela que foi para a cama com o inimigo para proteger sua virgindade, a coisa mais importe que uma mulher pode ter? A única coisa que podia fazê-la conseguir um bom casamento? Era muita falta de respeito não levar em consideração os sacrifícios que a mãe fizera para que a filha tivesse a oportunidade de arranjar um bom casamento! Era a maior traição que poderia existir, segundo os sentimentos de Qsandra.

A dor era enorme, mas a morte não era uma opção, pois demonstraria fraqueza, como se dissesse: "Não aguentei as minhas próprias escolhas. Não consegui um bom casamento pela própria incapacidade e, ainda por cima, tive a vergonha de assumir o meu fracasso, pois escolhi me matar". Matar-se era a maior vergonha que podia acontecer a alguém e à sua família, então não era uma opção.

As revelações da filha foram perturbadoras. Como ela ousava falar que era mais livre sendo escrava ali, no meio daquele povo estranho e fora do normal? Mesmo fazendo sentido suas palavras, Qsandra se apegava com todas as suas forças e esperanças às suas crenças, mesmo que não tivessem coerência.

Realmente, na sociedade em que vivera antes havia a liberdade teórica, já que não existia escravidão. Contudo as mulheres eram passadas de homens para homens, mantendo a servidão implícita, embora fosse claramente vista por quaisquer pessoas. As mulheres "pertenciam" aos pais e eram negociadas para casamentos, passando a serem dos respectivos maridos. Elas eram os elos de ligações entre as famílias, negócios e influências, por ser a interseção entre as famílias de origem e a nova família, a qual fora adotada por meio do casamento.

Aquelas que eram casadas com homens influentes ou filhas de homens assim eram vistas socialmente como pessoas de poder e influência. Logo, seu status social era referência ao dono delas, mas era o máximo que teriam capacidade de alcançar na vida em comunidade. Tudo o que quisessem deveria ser pedido ao seu dono, o qual daria ou não permissão para saciar seus desejos.

Qsandra se recusava a reavaliar seu julgamento sobre as culturas. Para ela, a cultura que vivera seus primeiros 40 anos de vida era a certa, a melhor e livre e, aquela cultura estrangeira, era opressora, errada, antiquada e cruel.

– TRAIÇÃO –

Dia após dia, aquela mãe foi sobrevivendo àquela dor amargurante. Ela tinha se dedicado às filhas para que conseguissem um bom casamento e tinha falhado. Qsandra tentara viver o ideal de felicidade, que é ter filhos e se dedicar a eles, segundo a sua concepção de felicidade e realização. Ela fizera sacrifícios pelas filhas, mesmo a contragosto, visto que não era o que de fato desejava, mas o que sentia que a sua cultura de origem impusera.

Qsandra absorvera muito da cultura onde vivera boa parte de sua vida a ponto de não saber identificar se o que desejava era a sua vontade ou se era proveniente das ideias locais.

A vontade de ter filhos, por exemplo, claramente não era o que ela de fato queria, haja vista que nunca ficara saciada em nenhum momento com suas filhas e vivia reclamando e se sacrificando por elas. Contudo, por ter ouvido tanto que este era o objetivo da vida de uma mulher e que ter filhos traria a tão sonhada felicidade, Qsandra chegou a pensar que realmente desejava ser mãe, quando, na verdade, buscava a felicidade na vida e se enquadrar na sociedade onde fazia parte.

Só a filha do meio conseguira realizar seu sonho, mas ainda assim, foi parcial já que se contentou com um moço comum, sem títulos ou poder e ela não fazia nada para conquistar mais do que tinha. A primeira fora um infortúnio, pois se apressou demais e perdeu a única chance. A última era uma traidora, que não reconheceu os sacrifícios da mãe e os descartou. Era a única coisa que a mãe exigia: um bom casamento, netos e cuidar dos afazeres domésticos, transmitindo alegria, felicidade e satisfação com a vida que tinha, sendo a mulher idealizada em sua cabeça, segundo as crenças de uma cultura já inexistente.

Por que aquela ingrata não podia fazer apenas isso por sua mãe? A mãe havia feito tanto por ela, por que ela não podia fazer só esse favor de viver o que a mãe sonhava para dar alguma alegria àquela mãe? Era muito desaforo!

Um dia, aquela menina me chamou para o lago e começou a falar:

— Quero lhe propor um acordo.

— Pode falar – falei, de orelhas atentas.

— Quero propor nos casarmos.

Uau! Que surpresa! Aquela menina já não era mais uma menina! Que mulher! Ela sabia o que queria, não tinha medo de buscar o que desejava. Que admiração! Essa chegará longe!

— Somos ótimo juntos, fazemos ótimas viagens, a cidade nos adora, tenho muito com que colaborar, temos boa reputação e ajudo-o a crescer e prosperar. Já consigo caçar algumas pequenas presas na floresta. Sou uma ótima candidata! - ela falava animada e empolgada revelando os seus sentimentos otimistas quanto à resposta.

Eu não tinha resposta. Nunca a tinha visto como mulher. Ela era uma menina que não era nem minha filha.

— Preciso pensar. – E saí.

Ela permaneceu confiante. Sabia que eu a admirava, sabia que conquistara a minha confiança. Ela se dedicou a todo esse processo desde que chegara à cidade. Fora ótima escrava, sempre prestativa, preocupada em fazer tudo da melhor forma possível e fazer até o que não lhe era ordenado. Ela tinha afeição pelo lugar e por aquela vida, o que a motivou a esforçar e a se empenhar para desenvolver tudo o que podia, fazendo da casa o lugar mais confortável possível e se familiarizando com os arredores.

Foi conquistando o seu lugar na casa e o meu respeito gradualmente. Deixou de ser submissa e passou a agir respeitando as regras da sociedade em que estava. Ela adotou todas as regras, condutas e crenças da comunidade que passara a ingressar, tornando-a cidadã. Era respeitada, cobiçada pelos homens há pouco tempo, desde que começara a apresentar características de mulher, e era admirada pelas pessoas do povoado.

Mesmo que tivesse título de escrava, sua valorização era tamanha que já não era mais vista como uma. Até dentro de casa ela ocupava um posto alto, submetendo-se somente a mim, o que a deixava com responsabilidade de zelar pela casa, cuidar dos escravos e planejar os serviços e ocupações de cada um que ali morava. Isso aliviava a minha carga mental, pois me dava mais disponibilidade para me focar nos negócios.

Os dias foram passando: íamos às cruzadas, pegávamos o pagamento pela paz no povoado sob nossa segurança... Éramos as pessoas mais bem-sucedidas do povoado e entramos para a história daquele lugar.

Nesse tempo, comecei a notar a menina não mais como menina. Já tinha deixado essa fase para trás e já era uma mulher convicta de si. Assim, comecei a notá-la como mulher. Então fui percebendo que ela realmente era bela, já estava adulta e sua personalidade já estava formada, que era o que mais me atraía nela.

Certo dia, fui falar com ela:

— Aceito a proposta. Vamos preparar a comemoração!

Ela ficou extasiada de emoção. Ela adorava tudo o que fazia e se sentia em casa, não mais como escrava. Mas, no seu interior, seu maior desejo era se casar por quem tinha se apaixonado, que era eu.

Ela usou do que gostava e das curiosidades para aprender. Usou seu aprendizado para provar o seu valor e usou o seu valor para conquistar o casamento que sonhara por tantos anos em segredo, mantendo-o apenas em seu coração. Ela tinha tudo: fazia o que gostava, realizando-se, e usou disso para conquistar o romance tão desejado.

Preparamos tudo. Seria a maior festividade da cidade em séculos. Éramos os heróis mais admirados e cobiçados e ainda nos casaríamos.

O casamento costumava ter uma cerimônia, envolta de uma fogueira, ainda de manhã, seguido pela festa, que era regada a comidas e bebidas, com danças e falatórios. Brincadeiras e jogos faziam parte da diversão. Ao entardecer, quando o sol se punha, as pessoas já se encaminhavam para as suas respectivas casas, visando ao descanso necessário para dar continuidade à vida ao amanhecer.

A nossa festa fora enorme, com duração de um dia inteiro somente de comemoração. Tínhamos como fazer a maior festa da cidade por ter recursos financeiros e sociais disponíveis.

Eu sabia da importância de fazer um grande evento para expandir a nossa reputação e influência. Muitos queriam contribuir com arranjos, comidas, bebidas e locais para aquele fenômeno de grande proporção, pois se sentiam honrados em poderem participar.

As pessoas davam o que tinham de mais valioso como presente para provar sua afeição em relação a nós, fato que colaborou para enriquecermos durante a grande festa.

O povo estava fora de si de tanta euforia e alegria. Parecia que deuses tinham descido a Terra, tamanha veneração. A nossa união foi a mais abençoada da história daquele lugar.

Após um dia de comemoração, a noite já adentrava e parecia que a festa não tinha chegado nem à metade. A madrugada chegou e já com o sol sobre as montanhas fomos levados para casa com o povo nos levando no colo, como se fosse uma honra poder nos tocar. Quase todos peregrinaram até nossa casa, acompanhando-nos, demonstrando sua devoção.

Chegamos à casa de manhã e, finalmente, fomos descansar. Devido ao porte da comemoração, o dia seguinte seria menos producente. Trabalhariam aqueles que não tinham como folgar, como quem trabalhava com terra. Na cidade, a maioria das pessoas passou o dia dormindo e descansando da farra do dia anterior.

Até os escravos foram liberados de suas obrigações para curtir e festejar, incluindo os meus. Mas teve uma pessoa que não compareceu à cerimônia ou à festa devido à sua rejeição completa daquilo: Qsandra.

Apesar de a filha ter conseguido o melhor marido da comunidade inteira, de deixar de ser escrava para ser senhora, a mãe não conseguia enxergar isso.

Para ela, apenas a dor da traição reinava em seu peito. Assim, os dias de tristeza sem esperança de melhoria foram tomando conta de sua vida.

Antes, ela tentava ajudar, cuidando dos escravos mais novos, para se adaptarem e para mantê-los vivos, já que muitos eram crianças bem dependentes. Ela fazia serviços manuais e buscava sempre persuadir quaisquer pessoas que pudesse para formar um motim contra mim. Agora, sem esperança de conseguir o tanto que desejava e percebendo que seu orgulho não teria nenhuma brecha para se manifestar, ela passou a agir mecanicamente, mostrando total apatia para com os demais.

– NOVA FASE –

A minha recém-esposa começou a participar ainda mais dos meus negócios e cada vez mais me admirava. Ela percebia que eu usava as regras da sociedade para tentar ajudar a quem pudesse. Assim, ela chegou à conclusão de que eu era uma boa pessoa, apesar de parecer ser mau.

Eu já não me via assim: eu sentia que era um explorador dos outros, já que tinha tantos escravos, matado e roubado tantos outros e usava de táticas psicológicas nos relacionamentos, mesmo que fosse para manter a paz entre as partes. Mas Sílvia via que eu fazia o melhor que podia, dadas às circunstâncias e culturas a que eu estava submetido.

Eu não gostava da casa cheia, não gostava de ter escravos, mas quando os raptei, sabia que seriam achados por meus companheiros e eu os conhecia: sabia o que aquelas pessoas passariam nas mãos dos meus companheiros de cruzada. Por outro lado, quem não fosse achado por meus companheiros ficaria refém da sorte.

Poucos sobravam após uma invasão. Normalmente, as mulheres feias e mais velhas com crianças. Como sobreviveriam na selva sem nenhum objeto? Esse era o motivo pelo qual eu escolhia levar comigo e Sílvia sabia e apreciava isso, vendo alguma luz dentro de mim, em meio a tanta brutalidade e grosseria.

Eu evitava trazer escravos: era trabalhoso e cansativo dominá-los e muito custosos de manter, mas achava que era melhor gastar o que tinha para ajudar algumas poucas pessoas sobreviverem.

O povoado que tínhamos sobre nossos cuidados era maior. Tinha gente o suficiente para sobreviver, plantar e produzir uns objetos. Era inconcebível raptar uma centena de pessoas! Elas se submeteriam às ordens, mas seria mais gasto que poderia prover, além de não ter muito espaço. Mantê-las sobre domínio à distância era a melhor estratégia: evitávamos mortes, gastos e adaptação, a qual era uma parte muito vulnerável e fundamental nos relacionamentos entre dominador e dominado.

Agora éramos um casal, fato que nos fazia sermos mais respeitados e admirados pelo nosso povo.

Viajávamos bastante, conseguindo muitas conquistas. Sempre que sobrava gente o suficiente para o povoado atacado se reerguer, eu e minha esposa entrávamos como protetores dos bárbaros cruéis. Era melhor ter um bárbaro que "negociava", oferecendo a paz e tranquilidade em troca de um valor, em forma de comidas e objetos, do que aqueles bárbaros que matavam. Consequentemente, o povoado tinha a garantia de prosperidade e calmaria no futuro, evitando medo e ansiedade entre seus indivíduos.

As viagens para furtos foram ficando para trás, pois começamos a ter muitas cidades para cuidar e proteger. Havia muitos pagamentos pela paz e isso supria a minha casa cheia e sobrava para venda.

A nossa influência cresceu mais rapidamente, bem como a nossa reputação. Começamos a ter mais admiradores e muitos desejavam viver o sucesso e progresso que tínhamos, buscando copiar a nossa forma de viver para usufruir das mesmas regalias que tanto contemplavam.

As pessoas da cidade começaram a observar como cuidávamos dos escravos. Era uma liberdade enorme que dávamos, algo revolucionário. Visando usufruir do mesmo sucesso, começaram a nos copiar como possível, incluindo a forma de cuidar de seus escravos.

Este era o outro poder que estávamos conquistando: a admiração pela forma de viver e nos relacionarmos. É um prestígio que se adquire muito lentamente, mas capaz de provocar alterações significativas e permanentes na sociedade.

As pessoas não querem imitar outras que tenham sucesso financeiro, apenas desejam o mesmo sucesso, mas sem os reveses para tal obtenção. Por outro lado, ao acompanhar a trajetória de vida de alguém, conhecendo a sua forma de viver e as suas gratificações, as pessoas ficam mais entusiasmadas em imitá-la, trazendo para a sua própria vida alterações valiosas, que geram mais satisfação. Dessa maneira, ensinam para a próxima geração tais valores, adquiridos por meio de exemplos vistos, expandindo e consolidando as novas condutas.

Estávamos adquirindo este novo poder: de estimular mudanças reais e mais profundas nos indivíduos através do nosso exemplo. Era necessária sabedoria para identificar até onde conseguiríamos influenciar e quais alterações desejávamos favorecer as pessoas. Eu sabia que os cuidados com escravos, respeitando-os mais, era um ponto muito importante.

A mãe da minha esposa passou a ser amargurada. De certa forma, ela tinha tido algum acesso a mim por conta da intimidade e algum jogo de sedução e controle durante o sexo. Ela podia me pedir coisas, mas agora sentia que tinha perdido a pouca fonte de comando na sua vida, o que a deixava insegura e irritada, já que não podia impor seus desejos de forma alguma e seu orgulho tinha de ser engolido contra vontade.

Agora ela era escrava da sua própria filha e isso era humilhante demais. Ela havia sido ainda mais rebaixada e não aceitava a sua nova situação. Antes ela mandava nas filhas e agora a filha manda nela e as outras se foram. Como aceitar?

A minha esposa também era uma pessoa boa. Dentro dos nossos costumes e crenças, fazíamos o melhor que podíamos, tentando ajudar dentro de nossa capacidade. Ela não tinha carinho pela mãe, pois sempre sentia forte pressão para obedecê-la.

Para ela, o rapto, quando tinha 8 anos, fora a solução: ela passou a viver um sociedade mais liberal. Ela tinha mais liberdade como escrava do que quando "livre" na sociedade onde nascera.

Sua mãe, sem poder social por ser uma escrava desconhecida no novo povoado que seria o seu lar, não conseguiu mais influenciar a filha. As mais velhas já estavam mais controladas e já tinham aprendido como deveriam agir e o que desejar.

A mais velha tentou seguir o sonho da mãe de viver um grande amor e se casar com ele, seguindo seus conselhos e confiando nela, obedecendo-lhe cegamente, mas não deu certo. Aceitou o que a vida ofereceu após a sua dolorosa lição, tendo que segurar o seu orgulho dentro de si.

Ela buscava seduzir quem desejava, acreditando que poderia conquistar qualquer coisa se fisgasse o homem que quisesse. Mas seu orgulho estava além da sua capacidade de manipulação. Ao ter a criança, algo aconteceu e o seu intenso desejo de manipular os outros foi reduzido quando sentiu vontade de ver seu filho crescer e cuidar dele. Aceitou a única oportunidade para saciar essa vontade de ficar com o filho, submetendo-se a uma vida de escrava e longe das pessoas.

Às vezes, tínhamos notícias dela e do casal, que "finalmente tinha concebido". O casal estava muito feliz e a moça passou a fazer parte da família.

Ainda era escrava, mas participava de todas as atividades. Ela era tratada com respeito e apreço, cuidava da criança de noite, colocava-a para dormir, servia as refeições aos donos, incluindo seu filho, já que era oficialmente da família. Ela era a escrava pessoal da senhora, por quem criara um vínculo afetivo próximo e proveitoso.

A irmã do meio usou como lição e graduou-se um pouco, aceitando os conselhos que dei sobre com quem se casar, o que lhe rendeu uma vida tranquila. Embora fosse o orgulho de Qsandra, por ter chegado ao mais próximo possível do que a mãe desejava, Qsandra ainda não se saciava.

Ríqta era submissa demais para com o marido e Qsandra achava que deveria ser mais controladora. Este fato deixava Qsandra frustrada, pois acreditava que a filha poderia conseguir mais, ir mais longe, mas Ríqta não era tão ambiciosa e também tinha medo de passar do limite e sofrer, como sua irmã mais velha.

Ela tinha uma vida de madame, mas nem tanto. Ela tinha suas lindas roupas, uma casa ótima, filhos e um marido gentil. Não tinha paixão na vida. Vivia o que era o "sonho" de toda mulher, segundo o que aprendera, o que lhe bastava.

A mais nova foi quem absorveu mais a nova cultura e a usou a seu favor, libertando-se das amarras que as antigas crenças a impunha. Agora, vivia feliz e conquistara o maior de seus sonhos, o de ser minha esposa. Suas palavras eram enérgicas, seu coração doce e seus gestos carinhosos.

Tratava a mãe como tratava antes, mas a mãe começou a reagir e demonstrar descontentamento. A filha tentou ignorar as atitudes ríspidas dela, visando à paz, mas a mãe mostrava agressividade sutil e amargura por perder o controle que achava que tinha, além da alta traição que a filha cometera, em sua visão de vida: a forma de como uma filha tinha de se comportar. Então tivemos de discutir aquela situação.

De todos, ela era quem mais obedecia no início, mas quem mais se rebelou depois de tanto tempo, como as pessoas orgulhosas tendem a agir. No início tenta aparentar docilidade e cordialidade, encobrindo a real personalidade, buscando um momento de "dar o bote" e conquistar o que realmente deseja.

Com as crianças, que já estavam adultas ou adolescentes, havia harmonia e alegria em casa.

As outras mulheres se sentiam em casa e eram amparadas quando havia necessidade. Todos se sentiam valorizados e respeitados, visto que eram tratados com carinho. Dessa forma, criávamos um ambiente agradável de se viver, com harmonia, calma, confiança e suporte emocional, exceto quando Qsandra estava presente.

Essa nossa maneira de viver e toda essa alegria permanente chamaram muito a atenção das pessoas da cidade e começaram a imitar, cuidando melhor de seus escravos.

Tentávamos manter a mãe da minha esposa sob controle, mas ela se rebelava cada vez mais, resmungando e reclamando, fazendo as coisas de malgrado. Não se podia chamar de sogra, pois esta é alguém da família, e Qsandra era uma escrava, um adorno familiar, um mero objeto anímico.

Mas não teve jeito. Ela tirava a harmonia e o equilíbrio da casa, deixando-nos apenas uma opção para manter nossas vidas felizes: vendê-la.

Sílvia sabia que abandonar a mãe não era uma opção salutar, visto que Qsandra era determinada e faria de tudo para achá-la e tentar reaver o controle sobre a filha ou se vingar de nós. Então restou-nos a escolha de venda. Isso manteria Qsandra sob controle e longe de nós. Caso ela fugisse, saberíamos antecipadamente, o que nos deixaria alerta para a sua possível aproximação, além de que muitas pessoas estariam à sua procura, para conseguir alguma recompensa pelo achado.

Fomos à cidade com o intuito de nos desfazer dela. Minha esposa conhecia a mãe que tinha e não tinha apego. Sabia o que a mãe era capaz de fazer e não se sentia amada por ela, já que a mãe fora contra seus sonhos. Também sabia que a sua forma interpretação do mundo e seus desejos eram vistos como traição à mãe, fazendo-a cultivar muito ódio.

Na cidade, fomos ao palanque, onde ela foi posta à venda. Qsandra sabia que estava para ser vendida, mas entrou na praça de anúncio com o peito estufado e cabeça empinada, esnobando.

Seu orgulho e sua crença de que era importante demais para que alguém desejasse se livrar dela eram grandes demais, fazendo-a não compreender ou aceitar o que estava acontecendo.

Ao ouvir o anúncio, ela ficou surpresa, em choque. Em sua mente tinha certeza de que era a pessoa mais perfeita que existia, que os outros desejavam ficar com ela e ser como ela. Quem parecia ser melhor ou era mais admirado que ela era alvo de sua inveja.

Qsandra achava que as pessoas que eram melhores do que si própria apenas aparentavam, esperando o momento mais adequado para mostrar as caras e revelar a verdadeira identidade egocêntrica e ambiciosa. Na verdade, Qsandra esperava dos outros o próprio comportamento, motivo pelo qual vivia em alerta, com medo de ser pega e desmentida por saber que a sua conduta não era coerente com as ideias que expressava, ainda que não tivesse real consciência disso. Qsandra esperava dos outros o que o próprio julgamento exigia dela.

Olhou para a filha com lágrimas nos olhos e ódio no coração. Não acreditou que a própria filha estava se desfazendo dela. Como é possível tamanha afronta?

A filha não seguiu o que a mãe falou e ainda teve a audácia de se desfazer dela. Naquele momento, Qsandra jurou vingança contra a filha. Aquela garota arrogante, mal-educada e esnobe teria de aprender que se deve respeitar a mãe e obedecê-la, e que não podia se desfazer dela!

Ela estava convicta de que a responsável pela sua infelicidade naquele lugar era a filha, que havia se casado com seu dono, aquele que as dominara, raptara e as forçaram a viver diferente do que viviam. Aquela filha ingrata aprenderia que se deve honrar a mãe com obediência!

Ela, que se sacrificou pela filha a vida inteira, e agora a filha não fazia o mesmo por ela. Ela abriu mão de si, aceitou as novas regras daquela sociedade para que as filhas não sofressem e essa filha fecha um acordo com aquela sociedade e mata a cultura de origem, sem seguir nenhuma regra da antiga tradição. Era demais!

O orgulho de mostrar que era uma boa mãe, que arrumava os casamentos das filhas e que as filhas eram obedientes fora pisoteado, dilacerado, ferido, porém não morto. Não tinha como aceitar aquilo.

O ódio que Qsandra sentia surgia do orgulho ferido, isto é, ela tinha uma ideia sobre si a qual não se refletia na realidade. Então, mantendo a sua ideia como correta, ela brigava com a realidade e com todos que não concordassem com a sua visão sobre si. O ódio, na verdade, era por ela ter de encarar a situação de não ser o que pregava ser e a sua ilusão de perfeição e boa pessoa ser desfeita dentro de sua cabeça.

Qsandra foi vendida por $50 000. Uma quantia muito boa, devido às suas condições. Já se sabia sobre ela, que ela reclamava muito e pouco produzia, que arrumava confusão e já estava com mais de 50 anos, e isso era velhice. Mas como a minha família era muito admirada e todos queriam fazer parte daquela família mágica de felicidade e de prosperidade, seus objetos e hábitos eram valiosos e todos a queriam. Assim, ela foi vendida pelo preço de um escravo comum.

Saiu do palanque com as mãos amarradas e levadas para a sua nova casa pelo seu novo dono. Seus olhos mostravam o ódio que nutria em seu peito. Chegaram a parecer vermelhos. A boca parecia espumar de raiva e balbuciava palavras de vingança, ódio e ira, prometendo vingança ou aludindo algum tipo de feitiço contra nós.

Nós dois saímos e curtimos a cidade, aproveitando para fazer as compras necessárias. Antes de o dia acabar, voltamos para a casa, aproveitando a claridade do sol para iluminar a volta.

Aquele trajeto de volta estava diferente, embora tudo estivesse no lugar. Eram as mesmas plantas, estávamos na mesma carroça, mas era a primeira vez que estávamos plenos e satisfeitos. Era a primeira vez que aquele caminho não tinha tanto peso emocional, tanta tristeza ou angústia. Somente nesse momento percebi as belezas do lugar.

Ao chegar em casa, os adolescentes vieram nos cumprimentar com alegria. Os escravos maiores viram que a mocreia da Qsandra não havia voltado conosco e inferiram que estariam livres de suas queixas e tentativas de motins que tentava tramar contra mim e tanto incomodava o clima emocional de casa.

Havia um clima de alívio e uma tranquilidade que não tínhamos experienciado antes. Agora, parecia que estava tudo em seu devido lugar.

Eu, que sempre fora solitário e apreciava a quietude, arrumara uma família grande e completa ao sentir compaixão por quem não tinha assistência ou sorte. Quem diria que ter uma família seria legal, bom e motivante? Quem diria que eu sentia falta desse amor que nutríamos a cada dia?

O meu egocentrismo sempre me levara a tentar ser autossuficiente para evitar relacionamentos tanto quanto possível, visando evitar complicações por não saber lidar com pessoas em um nível mais íntimo, tampouco desejar aprender a respeito.

Foi na convivência "forçada", proveniente do meu "ponto fraco" de sentir compaixão para com outras pessoas, que eu tinha aprendido a lidar com pessoas de forma mais carinhosa e proveitosa.

Agora lá estou eu, feliz por ter tantas pessoas carinhosas e harmoniosas na minha vida.